古典文献学入门十讲

主 编◎张晓芝

副主编◎何 江　徐国芳　郭宇航

刘心雨　王林飞

© GUDIAN WENXIAN XUE
RUMEN SHIJIANG

重庆大学出版社

图书在版编目(CIP)数据

古典文献学入门十讲 / 张晓芝主编. -- 重庆：重庆大学出版社，2023.12
ISBN 978-7-5689-4277-5

Ⅰ.①古… Ⅱ.①张… Ⅲ.①古文献学—高等学校教材 Ⅳ.①G256.1

中国国家版本馆 CIP 数据核字(2023)第 249480 号

古典文献学入门十讲

主　编　张晓芝
副主编　何　江　徐国芳　郭宇航
　　　　刘心雨　王林飞

责任编辑：杨　扬　　版式设计：唐笑水
责任校对：关德强　　责任印制：赵　晟

*

重庆大学出版社出版发行
出版人：陈晓阳
社址：重庆市沙坪坝区大学城西路 21 号
邮编：401331
电话：(023) 88617190　88617185(中小学)
传真：(023) 88617186　88617166
网址：http://www.cqup.com.cn
邮箱：fxk@ cqup.com.cn(营销中心)
全国新华书店经销
重庆市国丰印务有限责任公司印刷

*

开本：787mm×1092mm　1/16　印张：12　字数：215 千
2024 年 1 月第 1 版　　2024 年 1 月第 1 次印刷
ISBN 978-7-5689-4277-5　定价：48.00 元

重庆市高水平新文科建设高校资助出版系列成果

四川外国语大学 2019 年"特色项目·特色教材"资助项目

序　言

党的二十大报告指出,坚持和发展马克思主义,必须同中国具体实际相结合,同中华优秀传统文化相结合。中华文化与中华古籍,前者是立体的中华精神,后者是显像的物质载体。2022年4月,中共中央办公厅、国务院办公厅印发的《关于推进新时代古籍工作的意见》指出:"做好古籍工作,把祖国宝贵的文化遗产保护好、传承好、发展好,对赓续中华文脉、弘扬民族精神、增强国家文化软实力、建设社会主义文化强国具有重要意义。"随着新时代古籍工作的深入发展,特别是国家古籍保护中心的成立,古籍整理人才队伍亟待建设。《古典文献学入门十讲》正是基于上述时代背景和社会需求编写的。

中国古典文献学是一门以古典文献为研究对象的学问。传统意义上的古典文献学主要包括目录、版本、校勘、辑佚四大主体内容。传统的目录学、版本学、校勘学既可以独立成书,又是古典文献学的一部分。随着时代发展,古典文献学也与时俱进,出现了一些新的变化。古典文献的考证、注释、影印、整理、检索等,也成了古典文献学的研究内容。

古典文献学是一门应用性较强的学科,其最终目的是教会古籍研究者整理与研究古典文献。古典文献学隶属于文献学,它的研究内容较为宽泛,涉及文献的特点、功能、类型、分布、发展规律、整理方法及文献发展历史等。按照学科领域划分,其又可分为历史文献学、古典文献学。在本科生或是研究生的课程中,文献学均是难度较大的一门课程。对于历史学和文学学科的初学者而言,文献学是治学的基础、资料的源头、深入研究的门径。

本书作为普通高校的本科生教材,立足基础知识点,带学生进入古典文献学的大门。全书共十章内容,从古典文献的载体开始,依次介绍目录、版本、校勘、辑佚、考证、注释、整理、检索,最后一章介绍类书与地方志,对上述内容进行补充。现就教材的编纂进行如下说明。

其一,此教材的编写秉持简洁的宗旨。古典文献学涵盖的内容较多,包括诸多细节和悬而未决的知识点。而本书并不纠结细节,也不会太宽泛,对于有争议的问题暂不纳入教材之中。古典文献的脉络虽然简单,但内容的编排和取舍却坚持学术性,使整体架构具有逻辑性。古典文献学精深而玄奥,此教材以相对简明的理念统摄全书,尽管内容简洁,但不失于肤浅。

其二,此教材的内容同时关注知识性和学术性。教材编写过程中,对文献的引用是全书较为重要的一点,因为文献来源既涉及知识点,又涉及相关问题的学术观点。部分内容涉及文献学的历史发展。常识性的知识点一般不引经据典,但尽可能做到知识点准确无误。对于较为重要的、不可回避的学术问题,本书依然通过相关文献将其表现出来,以方便学生思考。

其三,此教材着眼于提高学生对古典文献的认知能力。王欣夫在《文献学讲义》中提出文献学的三大内容:目录、版本、校雠。而这三大内容其实均独立成书,如汪辟疆的《目录学研究》、洪北江的《古书版本学》、向宗鲁的《校雠学》。而随着时代发展,古典文献学的知识也在不断更新。但是前辈学者研究相关问题的筚路蓝缕之功不可没也,正因如此,我们要对前辈学者的研究给予足够的重视,不仅介绍其观点,还对其学术价值进行定位。学生对文献学的学习实际上也是站在巨人的肩膀上,其认知能力的提升是建立在对已有文献学知识的借鉴、辨析和思考上。

古典文献学教材不能成为“纸上谈兵”之作,学生在掌握知识点的同时要进行实践。教材只是文献学学习的第一步,第二步则是利用自己所学处理古籍整理中遇到的各种问题。处理文献的技能是实践能力的表现。古典文献学有着时代印记,从纸质载体到电子载体,这是质的飞跃。但是纸质文本和电子文本的优劣,至今为止仍然是学术争论的焦点。不仅如此,文献检索也是时代发展的产物,有些高校甚至开设了“文献检索”课程,教授学生如何查找文献。而将文献检索纳入文献学,是一种新的思考。未来的文献学或许有更多的可能性,所以说文献学是古老的历史和现代的新生相结合的产物。总之,文献学具有历时性和共时性特征。我们在学习“文献学”这门课时,不能忽视文献学发展的动态性。

目　录

第一章

古典文献的载体

文献一词最早可追溯《论语·八佾》中:"子曰:'夏礼,吾能言之,杞不足征也;殷礼,吾能言之,宋不足征也。文献不足故也。足,则吾能征之矣'。"①孔子所认为的"杞宋无征",实际上指的是"礼"的传承到了杞、宋之时已缺乏史料支撑。"文献"这一词已然具有史料含义。随着时代的发展,文献一词的含义不断丰富,如汉代郑玄认为,"献"为"贤才"之意,即熟悉掌故之人。因而文献除了指文章或典籍的书面材料,还有"贤人"所述的口头材料。司马迁撰写《史记》之时,参考了"明堂石室金匮玉版"②,还"网罗天下放失旧闻"③,这个"旧闻"当是口耳相传的"活文献"。

第一节　文献载体纵观

一、甲骨以记事

甲骨文是中国现存最早的文字,甲骨文指的是刻在兽骨或者龟的腹甲上的文字。据历史记载,龟甲上面还有穿孔,是为了串联成册,也称为龟册。出土的甲骨文"书籍"称为"骨头书",因出土地点在殷王朝的都城废址,又称为"殷墟文字"。

历史学家胡厚宣在《中国甲骨学史》(序)中说:"所谓甲骨文,乃商朝后半期殷代帝王利用龟甲兽骨进行占卜的时刻写的卜辞和少量记事文字。这种卜辞和记事文字,虽然严格地说并不是正式的历史记载,但是因为它的数量众多、内容丰富,又因为时代比较早,所以一直是研究我国古文字和古代史特别是研究商代历史最重要的直接史料。"

1899年,王懿荣患病需一味名为"龙骨"的药材,龙骨上有类似汉字的刻纹,因此"龙骨"被王懿荣和刘鹗从各家药店买回来研究,后经王懿荣鉴定为文字。一开始,这些"龙骨"是河南安阳的农人在田间劳作时偶然发现并拿到药店去卖的,为了让骨头更容易卖出去,农人常将上面的字磨掉,使骨头更光滑。

甲骨文从19世纪50年代便有发现,但当时甲骨文的文物价值和学术意义却一直没被发现。1899年之后,随着"龙骨"从一般药材向传世珍品转变,小屯村村民便开始大规

---

① 杨伯峻.论语译注[M].北京:中华书局,1980:26.
② 司马迁.史记·太史公自序[M].北京:中华书局,1959:3319.
③ 班固.汉书·司马迁传[M].北京:中华书局,1964:2735.

模挖掘甲骨文,直到1928年"中央研究院"正式发掘殷墟为止,这便是甲骨学史上的"盗掘时期"。1900年,八国联军入侵北京,王懿荣自杀殉国,他所藏的甲骨流散,其中大部分被卖给了刘鹗。

1956年起"国家十二年科学发展远景规划"将《甲骨文合集》的编纂列入国家重点科研项目,并于1961年正式开始编辑工作。到1982年,《甲骨文合集》共十三册全部出版,这是中华人民共和国成立以来学者全面整理、刊布甲骨文材料的丰硕成果。《甲骨文合集》著录甲骨四万一千九百五十六片,其收集资料的广泛性和丰富性可以说是前无古人,所收甲骨按先分期后分类的体例编纂。每期之内,按卜辞内容分四大类二十二小类。四大类是阶级和国家、社会生产、科学文化、其他。二十二小类分为奴隶与平民、奴隶主贵族、官吏、军队刑法、战争、方域、贡纳、农业、渔猎畜牧、手工业、商业交通、天文历法、气象、建筑、疾病、生育、鬼神崇拜、祭祀、吉凶梦幻、卜法、文字、其他。因此,可以说,只要具有研究价值的材料,都已被收入此书中。

已出土的甲骨文可分为占卜文和记事文。当帝王想与其祖先的灵魂联系时,就会通过占卜让灵魂进行传递,帝王向祖先提出问题和愿望或祈求神灵的帮助。一篇完整的卜辞大致分为四部分:序辞、命辞、占辞、验辞。其中序辞指占卜的时间和占卜人的名字,命辞指的是问题和期限,占辞是国王对卜兆的解释,验辞是记验事实与预卜的结果是否相同。

由于甲骨文质地坚硬,加工制作并非易事,加之古人所用刀具没有现代刀具锋利,形成这样的造型并且保留数千年不坏,可见先人的智慧对今天的我们来说仍具有可取之处,特别是其对印章和雕版印刷的影响非常大。

二、青铜以记事

青铜器主要是铜和锡的合金,其盛行时代主要是商周秦汉,而周代的青铜器最多。青铜器上面的铭文称为金文,我国先秦时代称铜为金。文字在青铜器上并没有固定的部位,无论什么形状,或圆或方,或三足或四脚,铭文大多铸于青铜器的内部,其中字数较多的铭文多见于面积宽大的鼎、盘、簋等器物。由于金文的载体是青铜器,所以一个带铭文的青铜器就是一"金"文书。它虽然无法装订,但现在可以放在博物馆中供人们阅读。

青铜器的种类名称有很多,大致可分为:

(1)礼器。统称为尊彝或彝器,主要用于宗庙祭祀及随葬。还可为诸侯旅行奠告之用(诸侯出行,每舍必奠告,而古代宗庙器物不得携出,因此另有行器)。具体的器物包括鼎、鬲、簋、簠、卣、爵、觚、角、勺、豆、盘、缶、鉴等。

(2)乐器。乐器既可用于祭祀,也可用于宴飨、随葬,还可用于征战,有金属和非金属之分。而这里所谓金属乐器亦指青铜器,有钟、钲、铎、鼓、铙等。

(3)兵器。主要有矛、戈、剑、钺、刀、镞、弩机等。

(4)农器。有锄、镰、犁等。

(5)度量衡。度主要有各个朝代自己设定的尺;量主要是秦统一天下后用来量容积的容器,有金量、陶量;衡指的是天平,后演变为秤。

(6)钱币。主要有布、刀、圆币等。

(7)符玺。符,诏符,发兵用,分为两半,如虎符、鹰符。文字有金错、银错、刻凿。玺,印章,古代用于封检取信。

(8)日用器。常见的有铜镜、灯。出土的铜镜有商周时期的,但无铭文。现存的主要是汉代的铜镜,有铭文。

三、石以记事

石头具有大而重、较难弃毁的特点,因此是一种很好的记录材料,在石头上记载生活中的各类事件也逐渐成为一种潮流。李致忠在《中国古代书籍史》中说:"这类文字记载虽然仍不同于后世书籍的形式和内容,但也同样具备甲骨文和青铜器铭文的记事性质,所以也应当视为书籍的初期形式之一。"①

石刻文字可以分为碣、摩崖、碑。

(1)碣。《说文》:"碣,特立之石。"就是指高高的柱子,上小下大,形状处在方和圆之间。秦始皇琅琊台刻石,阮元在《山左金石志》中云:"石高工部营造尺丈五尺,下宽六尺,中宽五尺,上半宽三尺,顶宽二尺三寸,南北厚二尺五寸。"大约在魏晋之后就被碑取代。现存较早的是石鼓文,石鼓虽然较低,但仍是石柱,属于碣,共十鼓,各刻四言诗一首,字体是秦统一文字之前的大篆,咏秦国君游猎之事,又称"猎碣"。

(2)摩崖。刻于悬崖之上,亦是天然之石。摩崖刻石简单速成,所以于名山崖壁之处可见,泰山的石经峪《金刚经》,属于大摩崖刻石,极负盛名,其书法隶楷参半。

---

① 李致忠.中国古代书籍史[M].北京:文物出版社,1985:29.

（3）碑。碑起于周朝，西汉开始有碑刻文字，但极少。东汉忽然兴起，现在所说的汉碑，一般指的就是东汉碑。碑正面叫阳，刻碑文；背面叫阴，左右叫侧，碑阴、碑侧刻题名；首叫额，刻标题；座叫趺。也有阴阳面各刻一文的，有阳面刻不完接到阴面的。最高的碑是明永乐皇帝为洪武皇帝凿刻的纪功碑（碑身49.4米，全长约90米）。碑多用于丧葬，也可用于纪功纪事，表彰功德，还可以记录修桥、修路、建庙、修观等事。从唐代开始，还有进士题名碑。古人还将重要的经文刻于石碑，作标准本。如汉熹平石经、魏三体石经、唐开成石经等。佛经刻石中最著名的是房山石经，现留存于北京房山县（现房山区）大房山云居寺。从隋代到康熙三十年陆续刻成，历时千年之久，刻石15000余块，包括佛经1000余部，3400余卷。

四、竹木以记事

（一）简牍概述

竹被劈成长而窄的竹片，叫竹简；木被劈成长而窄的木片，叫木简，也可以做成较宽的木板，叫方版或牍。在甲骨文中已经发现了"册""典"，"册"是指把竹简、木简变连成册的象形文字，"典"是会意字，表示典藏的意思，也表示典册。人们认为，我国书籍装帧的正规形态是从简册开始的，这种流行于公元前5世纪至公元3世纪的简册，材质为竹片或木片，表现方式为手抄。《尚书·多士》说："惟殷先人，有册有典。"这说明简册可能在殷商时期就产生了。

战国竹简大批出土的一次详细记录是在西晋武帝时期。"太康二年，汲郡人不准盗发魏襄王墓，或言安釐王冢，得竹书数十年。……大凡七十五篇，……漆书皆科斗字。初，发冢者烧策照取宝物，及官收之，多烬简断札。文既残缺，不复诠次。武帝以其书付秘书校对缀次第，寻考指归，而以今文写之。晳（束晳）在著作，得观竹书，随疑分释，皆有义证。"（《晋书》卷五十一《束晳传》）出土竹书有《纪年》《周易》《穆天子传》《周书》等，唯《穆天子传》流传至今。

简的长度是有讲究的，根据王国维的《简牍检署考》，汉代有二尺四寸、一尺二寸、八寸、六寸等规格。《孝经钩命诀》："《春秋》，二尺四寸书之。《孝经》，一尺二寸书之。"郑玄《论语序》云："书以八寸策。"据此，《春秋》《孝经》《论语》就划分为三个档次。根据记载可知：二尺四寸之简写经，一尺二寸之简写传，八寸之简写记。《春秋》是经，用二尺四寸简。《孝经》为传，用一尺二寸简。《论语》为记，用八寸简。汉代的八寸相当于周代的一尺，即《论衡》所云"周以八寸为尺"，所以八寸简所写之书又称"尺籍"。

另有六寸之简，用作符信，也就是通行证。《说文》："符，信也，汉制以竹长六寸，分而相合。"以前，农村染布行业到各村串户，收取白布，为顾客染出一定花色，以竹签刻上两三个套圈式的花纹，纵剖成两半，一半系于布上，一半交顾客收存，交布之日，以两半竹签相合，为取布凭信，即符信。

从出土实物来看，1959 年甘肃省博物馆于武威磨嘴子 6 号汉墓中掘出 480 枚完整简牍，内有《仪礼》甲本木简七篇 398 枚，简长 55.5～56 厘米，约为汉尺的二尺四寸，证实经典用二尺四寸是可信的。当然出土简册的尺寸也有变通，并非一样整齐。西北敦煌、居延出土的汉简多是木简，因为当地不产竹子。书写材料也是就地取材加工而成。《史记·滑稽列传·东方朔传》："至公车上书，凡用三千奏牍。"根据《论衡》，这指的是板牍。

写信用的也是板牍，这种板牍一般一尺长，所以叫"尺牍"，后来尺牍就成了信的代称。信写好了后，要封起来，就会用另一块板盖上，这块板就叫"检"，检上面有细槽，首先可以用绳子捆扎起来，然后在检的中间即方槽处打绳结，最后在绳结上涂上封泥，泥上盖章，如此便无法拆开看了。这种加盖、系绳、施泥、钤印的工作就叫"封"，所以信的单位也是"封"。检上面可以写收信人姓名等。

（二）竹木简的加工

木简的加工过程就是破板刮削的过程。而竹简破成竹条后，还要把简面刮平（简面一般指竹黄一面），再用火烤干，这道工艺叫作"杀青"。刘向《别录》："新竹有汁，善朽蠹。凡作简者，皆于火上炙干之……以火炙简，令汗去其青，易书复不蠹，谓之杀青，亦曰汗简。"在遇到笔误时，可用刀刮去错字，重新书写。"刀"和"笔"在书写时要配合使用，于是有"刀笔"一词。现在人们拿"杀青"比喻著作的完成，或者一部作品拍完后也称为"杀青"，大约是源于此。

（三）简牍的行格和书体

由于竹木简的宽度十分狭窄，通常只书写一行于竹木简的正面。古书中记载以及近代出土的写两行或两行以上的字的简，是公牍而不是书籍的制度。至于每简所写字数多少，视简的长短和写字的大小而定，少的只有八个字，多则八十余字。

简写完之后需要编连成书，具体有两种方式：其一，在简牍的上端横穿一孔，再用绳贯穿。由于不能舒卷,只能平放,这种方法适用于编策和公牍。其二,先将书绳两道连接,将最初一简置于二绳之间,打一实结。复置第二简于结绳的左旁,将二绳上下交结,像编竹帘的编法,以下照此类推,至书篇最末的一简为止,然后再打一实结,以使牢固。收验的方法是以最末的一简为轴,字向里卷,卷成卷轴形,为了防止简上下移动、脱落,往往在编绳经过的地方,于简的边缘刻削一极小的三角形契口,以使简能固定。书绳,一般用的是细麻绳,王室贵族多用有颜色的丝绳,士大夫阶层则用韦。"韦是牛的较柔软的内腹皮……编绳一般用两道,但遇长简也有用四道、五道的,端视简的长短而定。"(昌彼得《中国书的渊源》)

从已发现的古简书写字体来看,楚简均为篆书,秦简以隶书为主,汉简虽然篆隶兼有,但仍然以隶书为主。这些书体在书法源流上占重要位置。这里以汉代隶书为例,湖南长沙马王堆一号汉墓出土的竹简上的汉隶,从字形和笔法分析,好似非一人独写,但风格却一致,结体仍保留着篆体的纵式。在用笔上,横画落笔逆峰顿按,运行时逐渐上提,收笔不回峰,形成头粗尾细的模式,与出土的战国简牍墨迹所普遍使用的笔法接近。1973年河北定县(现定州市)八角廊四十号汉墓出土的大批古籍,墓主为中山怀王刘修。这批古书都是用工整匀称的隶书缮写的,用笔逆入平出,主笔皆蚕头雁尾,中间稍提笔收束,结构宽厚,重心安稳,形态舒和。与东汉中晚期碑刻《乙瑛碑》《张景碑》《元孙残石》等用笔结构极为相似,已经完全摆脱了篆书笔意。汉简也有草书书写的,但大多数仍是隶书和草书夹杂着写的,在此不过多赘述。

从篆书到隶书的转变,在文字的发展史上是一次革命,也是进步。从简册书的文字来看,初期篆意较浓,除了部分较为工整外,多数追求简易速成,草率急就,从而展现一种自然、大方、粗犷、严谨的古拙风韵。总而言之,简册书的书法艺术,为后来的魏晋时期书法艺术和书体的发展奠定了基础。

(四)简牍的编装方式

简是古书的基本单位,相当于现代书籍的一页。一篇简册书写完后,整篇文章常连简为册,依次以书绳编为一体。上品用皮编,下品用丝编。编连的方式,可以先写后编,如敦煌出土的《永元兵物册》上面的字有些用编绳盖住,先写后编,由写完的短册再接连成长册。也可以先编后写,如武威汉简《仪礼》简上编绳之处,空白无字。

简册的书编简的顺序如下:第一根简通常写书名(即篇名)。如果仅为书里的一篇,书名就写在篇名之下,篇名称为"小题",书名称为"大题",先写小题后写大题。在简的开头,往往加上两根空白简,名为"赘简",目的是保护书,与后来的"护叶"起同样的作用。大题之后便是正文,简册书编写完后,以尾简为中轴卷为一卷,以便存放。要想检索方便,可以在第二根简的背面写上篇名,在第一根简的背面写上篇次,这一点很像现代书籍的目录页。简册书卷起之后,篇名、篇次就会暴露在外面,从右往左读,成为某某篇、第几次,很像现代的封皮。一部书要是有很多册,常用布或者帛包起来,叫作帙,或者装在口袋里,叫作囊。书囊大多是方形,无缝,质地为布或丝,白色和红色书囊是急件,绿色是诰谕,黑色则是普通文件。文件从囊的中间开口处放入,袋的两端折转,位于中央封口之上,捆上书绳,敷上封泥,最后盖上印章。

简册书中空一个字表示一句话说完。画圆圈表示一段文章开始。书简是每简只写一行,简册上的字一般分为三栏,有的简从上编绳写,到下编绳停,占一栏,有时过下编绳;有的从简的上部开始写,一直写到下部,占三栏;有的会空一简不写字。这种编排看起来让人感觉舒服。

五、丝织品以记事

帛,为丝织品的统称。现在能看到的最早的帛书是长沙子弹库楚帛书。由于帛比较贵重,一般人无力将其用作书写材料,加上帛书又比竹木简牍更易腐烂,因此在考古发掘中,帛书的数量要比竹木简牍少得多。帛书主要流行于公元前 5 世纪至公元 3 世纪,材质为丝织品,卷轴式;为了方便携带和存放,也有折叠式。

(一)帛书的发现与内容

帛书与简牍同时流行,但简牍是当时的主要书籍,帛书只是抄写那些整理好并且比较重要的书籍。应劭云:"刘向为孝成皇帝典校书籍二十余年,皆先书竹,改易刊定,可缮写者以上素也。"

从 20 世纪起,考古学者在新疆南部的"丝绸之路"上发现多种丝绸实物,大多不载文字。1908 年,斯坦因第二次考察时,在敦煌发现两件公元 1 世纪的缣帛信件,在敦煌另一处又发现一片未经染色的素帛,一面印有黑墨图章,另一面载有一行 28 字:"任城国亢父,缣一匹,幅广二尺二寸,长四丈,重二十五两,直钱六百一十八。"

真正的帛书应当为 1973 年在长沙马王堆西汉墓中出土的一批帛书。除《老子》《周易》和《战国纵横家》有传世本外,大多数为佚名书,涉及思想、军事、天文、医学、地理等内容。帛书中有一种是写在通高 48 厘米的宽幅帛上,折叠成长方形安放;另一种写在通高 24 厘米的帛上,卷在长条形木片上。

帛书除用于书写文字外,还适于绘图,因此出土的帛画也不在少数。《汉书·艺文志》各书有附图者一般称"若干卷",如"《孙子兵法》83 篇图 9 卷""《齐孙子》89 篇图 4 卷"。

(二)帛书的字体和形式

从已出土的帛书来看,字体一般是小篆和隶书,用墨书写。如《老子》两种写本的字体基本是隶书,但带有明显的篆意,出现方笔笔画的宽窄变化,波磔已经出现。结构上,有的偏旁还是小篆体,这种现象是小篆向隶书过渡的表现。

古人在保存帛书时可卷可折,一般是将面积基本相同的长方形帛书按顺序排列好,然后放入长方形盒中,用时再取出。称"卷"一般指帛书,但并不是说简册就不卷起来存放。素帛的标准长度是 40 尺,合 13.3 米,因此帛书长度在 13.3 米以内都不需要缝接,当然其长度也可以因需要而裁剪。

总之,缣帛轻柔而面广,有简牍无法具备的许多优点,但是由于价格昂贵,无法大范围推广,因此不是最理想的文字载体。直到纸被发明后,人们才真正找到一种雅俗共赏、经济适用的书写材料。

六、纸以记事

根据历史记载和考古资料纪实,西汉时期已经发明了造纸术,并且已经制造出植物纤维纸,因此蔡伦并不是纸的发明者,而是造纸术的改进者。如果将"纸"定义为以任何纤维通过排水作用黏成的一种薄页,那么纸在西汉或更早的时代就出现了。

文献当中,对纸的记载最早的是《三辅故事》:"上恶大鼻,当持纸蔽其鼻而入。"这就说明纸在蔡伦之前就已经发明了。《说文解字》:"纸,絮一苦也。"这说明与纸最为相关的就是絮和苦,其中絮是原料,苦是工具。古时候,劳动妇女在漂洗中将棉絮在"箦"上来回晃动,使棉絮膨胀,棉絮中的沙土就会落入水中。经过漂染的棉絮从水中连同竹席一并取出,晒干,棉絮取走后就会在上面留下薄薄的"纸"。而经蔡伦改进的蔡侯纸可以解释为蔡伦首创的一种使用新材料所造的纸,即采用了树皮和麻头。

古代的纸主要利用各种自然资源、工具、器皿以及化学剂物手工制作而成。工厂常选在依山傍水的地方,依山则材料、薪炭易得,傍水则易收沤煮、洗荡之效。传统手工造纸主要有三大类:一是以麻纤维及其制品为原料的麻纸;二是楮、桑、青檀等树的茎皮为原料的皮纸;三是以竹为原料的竹纸。此外,还有草纸以及混合多种原材料制作而成的混料纸等。从时间上看,麻纸最先出现,是唐以前主要的品种,皮纸的兴盛期是从唐开始的;宋代以后,随着印刷术的推广和印书业的兴盛,相对廉价的竹纸在产量上一直占据主导地位。制作方法虽然因材料、时期、地点的不同而有所差异,但基本步骤千百年来是大致相似的,大致可归纳为四个步骤:

(1)原料分离。用沤浸或蒸煮的方法让原料在碱液中脱胶并分散为纤维状。

(2)打浆。用切割工具和捶捣的方法切断纤维并使纤维帚化而成为纸浆。

(3)抄造。把纸浆掺水熬成浆液,然后把浆液灌在篾席织成的帘床上去水,使之成为薄片状的湿纸。

(4)干燥。把湿纸晾干,揭下来成为纸张。

纸在三国到西晋时期还没有取代简牍,但已在社会上广泛使用。到东晋时,纸才基本取代简牍。

第二节 文献装潢——以纸质文献为例

一、卷子

纸在早期是以卷子的形式出现的,这一点西晋初年傅咸说过"揽之则舒,舍之则卷",其原因在于竹简木简是卷起来存放的,并且卷子画了竖格,很明显是仿竹木简。从六朝到唐代,都是卷子,五代北宋初仍有卷子,金代刻的大藏经,既有卷子本,也有经折装,但现存为卷子。

卷子一般高约一尺,长度并未特别规定。纸是一张张造出来的,卷子是用一张一张的纸黏结起来的,每张纸长40~50厘米,高25~29厘米。长卷子要多纸接起来,竖格叫"边准",宋人叫"解行",每张纸有20~30行。上下有横栏,叫"边栏"。一般写本是用铅画的行格,只有上下栏,无左右栏,是简册遗意。

卷子一头有轴,在文字结束的尾端,不读时就卷起来,所以卷子又叫"卷轴"。卷子的开头部分留在外面易磨损,可以用一段丝织品包在外面,这叫"褾",卷子摆在架上存放,为了方便检索,会在一头悬挂标签,标签是牙质的,所以叫"牙签"。此外,还有装书的袋子,叫"帙",卷子每十卷为一帙是通行的做法。为了防虫,当时的纸张还要经过染潢这道工艺。

二、经折装

经折装的出现大约在唐代后期,即将卷子改成折叠式,纸仍然是连起来的长幅,两头用硬纸板或薄木板把折子夹起来。据推测,在北宋中叶,经折装才代替卷子。其后卷子虽然还在使用,但已不是主要的装潢方式。经折装主要用于佛经装潢,尤其在南宋以后,图书装订方式已经改变,但佛经仍用折装,更显特殊,因此称"经折装",此处"经"指佛经。

三、蝴蝶装

蝴蝶装是由经折装演变而来的,最重大的进步就是变成了单叶装订成册的形态,这种形态与现代意义的图书册页制度就很接近了,与现代书籍的不同在于没有锁线,每页纸只有一面有字,打开书,可以看到一整页,以版心为中轴,两边各半页,似展翅蝴蝶,故名蝴蝶装。具体形态是以版心中线为准,版面向里对折,然后再一叶一叶重叠,在折线处对齐,用浆糊黏在一起,另外三边切齐,再用硬纸连背裹住作封面。

大约在北宋,蝴蝶装逐步取代了经折装,成为儒家经典及一般书籍的装订方式,如宋刻《欧阳文忠公全集》《册府元龟》《文苑英华》等都是宋代的蝴蝶原装。蝴蝶装书都是立着放,书背朝上,口朝下,因为现存宋代蝶装书书根有题写书名,是从书背向书口竖写的。这样放,书口不怕磨,书背又不进灰。

四、包背装

包背装每页版面向外对折,装订不在版心一边,而在版心折线对面的余纸上。打眼,穿纸捻子,订好后再上包背封皮。与蝴蝶装不同,无字的一面折叠装订好后就包在里面了,翻不出来。

包背装一般认为起于元代,到明中期以前多用此法。包背装书口有字,不便在书口向下直立存放,就改为平放,如《永乐大典》《四库全书》,皆为包背装。

五、线装

包背装书背易破,书易散,于是出现了线装。不同的是护叶由一张裹背改为前后两张,不包书背。装订时先订纸捻,再上封皮,再切齐,然后包角,再打眼上线。一般是四眼装,也有六眼装。

线装大约于明中叶兴起,沿用至清末民国,被洋装书取代。但至今某些书籍还用线装。

第三节　现代书籍形态

书籍与文献从诞生之日开始就是不可分割的整体。书籍的内容必须有一定的载体才能被反映出来,而不同的载体又产生了不同形态的书籍。书籍的形态反映一定社会、一定时期的生活状况和意识形态,是伴随时代的发展而变化的,在不同历史时期,书籍具有不同的形态。有些形态未必称为"书籍",但却是书籍发展演变过程中不可缺少的一个环节。书籍的各种形式,是著作者、出版者、编辑者、设计者、印刷者、装订者共同完成的系统工程。

中国现代书籍设计,起源于清末民初。尤其是在新文化运动的推动和西方科学技术的影响下,以及鲁迅先生的积极倡导下,书籍设计进入了一个新的时代。这个时代就是"洋装书"的发展阶段。

什么是"洋装书"呢?洋装书即采用现代印刷工艺,运用近代书籍装帧形式制作的书籍。其纸张使用的是机制纸,具有韧厚的特点;从传统的单面印字改为单页双面印字,既从一定程度上避免了纸张的浪费,又减少了书籍的厚度;装订方式采用现代的平订、锁线装订;封面也改变为印有文字、图案和色彩的彩版。这种书籍便于阅读,便于携带,便于收藏,是现代社会传播知识、传承文化的良好载体。

一、近代印刷术

近代印刷术,是以中国发明的雕版印刷和活字印刷技术为基础,融入欧洲先进科学技术而诞生的,它以机械操作为基本特征。其主要包括石版、珂罗版和照相平版等间接印刷的平版印刷术;以雕刻凹版和照相凹版进行印刷的凹版印刷术;以铅活字排版直接印刷的铅活字版印刷术;以铅活字版为母版、采用泥版或纸型翻铸成复制版,以及照相技术用于印刷制版后产生的照相铜锌版进行印刷的凸版印刷术;以誊写版印刷为主的孔版印刷术等。这几种印刷技术在19世纪初陆续传入中国,而后得以迅速发展。

（一）平版印刷书籍

平版印刷术,是指使图文和空白部分在同一平面上,利用只有图文部分才能着墨、着色的原理进行印刷的技术,主要包括石版印刷、珂罗版印刷和橡皮版印刷三种印刷方式。其中,石版印刷和珂罗版印刷是让印刷版面和被印刷物品直接接触,从而使印版上面的图文直接印刷到承印物上;橡皮版印刷则是先将印版上的图文印在橡皮布上形成橡皮印,再将橡皮印与被承印物接触,从而使图文间接转印到被承印物上。橡皮版印刷可以很好地弥补承印物表面的不平整,使油墨充分转移,它还可以减少水向承印物上的传递。它的发明不仅仅是平版印刷术的一项重大改革,而且对整个印刷事业的发展具有重大意义。

平版印刷适用的范围非常广,可用于印刷画册、书刊、年历、地图等。

（二）凹版印刷书籍

凹版印刷术,是指将图文凹于版面之下,凹下去的部分用来装填油墨。印刷前将凸出部分清理干净,印刷品的浓淡与凹下去部分的深浅有关,深则浓,浅则淡。凹版印刷的印版多为铜质,早期的铜质凹版用手工雕刻而成,后来采用手工雕刻的腐蚀凹版,即在金属板材上手工雕刻出图文,再用化学腐蚀液进行腐蚀制成凹版。光绪三十一年,商务印书馆聘请日本雕刻铜版技师来华传授此项技术,此后雕刻凹版印刷在中国开始发展。凹版印刷以其印制品颜色鲜艳、饱和度高、印品质量稳定、印刷速度快等优点在印刷包装领域内具有极其重要的地位。

随着技术的发展,后期相继出现了机械雕刻凹版以及电子雕刻凹版,适用领域也从软包装印刷扩大到皮革材料、木纹装饰、药品包装等领域。

（三）铅活字印刷书籍

1807年,铅印技术输入中国,这种印刷工艺主要是由子模镌刻、铸造铅活字、拣字排版、装版印刷等工序组成。其实,中国铅活字制作的研究,早在铅活字印刷术传入之前就已经开始,现知最早含有汉字的西方书籍是《中华大帝国志》,当时该书使用汉字较少,没有引起人们的注意,加之字体歪斜,很不美观,质量很差。

铅活字版印刷术,是用铅活字排成完整版面进行印刷的技术,中国古时已有此项技术。不同的是西方传入的铅活字,是将铅、锑、锡三种金属按比例熔合而成,并使用机器印刷,是一种更为先进的印刷术。

(四)凸版印刷书籍

凸版印刷术,是最悠久和较普及的印刷方式。它与凹版的印刷原理相反,是将图文部分高于空白部分的凸版进行印刷的工艺技术,凸出部分印刷油墨,凹进部分不印刷油墨。活字印刷和中国发明并沿用千余年的传统雕版印刷都属于此种印刷技术。在生活中,如果我们见到印刷品背后有轻微的凸起印痕,线条边缘部分整齐,并且油墨在中心部分显得十分淡,那么这就是凸版印刷品。

凸版印刷的材料主要有活字版、铅版、锌版、铜版等。活字版是用铅通过铸字机铸成铅字,排版组合,然后上机印刷,先将需要印刷的图文排成活字版后再压成纸型,然后浇铸成铅版,用轮转机印刷,实现大批量印刷。其中纸型的发明应用,使凸版铅印技术趋于成熟。铅活字版排好后,打成纸型就可以拆版还字,留存纸型待用。纸型不仅轻便而且便于保存,可以运往外地,实现多地印刷。所以活字版印刷适用于印刷数量较大的报纸、杂志、书刊。

锌版、铜版的制作工艺大致相同,首先将原稿拍摄成阴像底片,然后将底片贴在涂有感光层膜的锌版或铜版之上进行曝光。曝光之后,底片上的图文即可转移到锌版、铜版表面,再经化学药液腐蚀处理,制成图文高于平面的金属凸版,然后上机印刷。锌版一般用于单色线条图画的印刷;而铜版则多用于制作带有浓淡层次的图画,故在拍摄底片时需要加上网目版,用网点来反映原图的浓淡层次。制作彩色图稿时,则需在拍摄照相阴像底片时,在镜头前面分次插入红、绿、蓝三原色滤色镜,并改变网目版角度,拍摄出黄、洋红、青三种分色底片。再用三张分色底片分别晒制成三块分色铜版,经过腐蚀、修版之后,即可作为分色印版,逐渐套色印刷。所以凸版印刷还具有色调丰富、颜色再现力强的特点。

(五)孔版印刷书籍

孔版印刷是以丝网、蜡纸等作为版材的一种印刷方式。首先要将图文部位做成细孔,而非图文部位以印刷版材料进行保护,印版紧贴承印物,通过外力的刮压使油墨渗透入网孔下的承印物上。由于目前普遍用丝网作为印版,故又称这种印刷为丝网印刷。这种印刷方式的最大优点是不但能在平面印刷,而且能在弧面的东西上印刷,油墨浓厚,色彩鲜艳,书籍中特殊效果的印刷多采用这种方法。

1. 誊写版制版工艺

誊写版制版工艺可分为三种制作方法:毛笔誊写版制版工艺、铁笔手刻蜡版制版工艺和打字蜡版制版工艺。毛笔誊写版制版工艺是用毛笔蘸取稀酸,在涂有明胶膜的多孔性纸上书写字画,使稀酸将纸基表面胶膜腐蚀掉,从而露出纸基微孔,然后再用油墨印刷的工艺技术。这种印刷技术,当时因成本低而被迅速使用,以印刷讲义、文稿为主。缺点是耐印力差,且印刷质量欠佳,在铁笔誊写版出现后,这种工艺便鲜用于印刷。铁笔手刻蜡版制版工艺是以铁笔、钢板为工具,在蜡(纸)版上手工刻写文字和图画,使蜡版上刻画部分的蜡层被划掉,形成微孔,然后再用油墨印刷的工艺技术。此法据传为爱迪生所发明。王汉章在《中国近三十年来之出版界·刊刻总述》中说:"誊写版以缮写省工,盛行于各通讯社……民国初元,有叶某在京创办通讯社时,即采用此器。同时以之印刷小品书册,用以代写工抄胥之劳。如风行一时之北京著湉吟社、寒山诗社、稊园钟社,均恃以为印行诗词课卷之用。"这种印刷工艺设备简单且携带方便,出版迅速。

打字蜡版制版工艺,是在专用打字机上,装上附有书写纸的专用打字蜡纸,然后按下打字杆,通过打字机钢活字的捶击力,将文字打印在蜡纸,使蜡纸表层的蜡转印到带有格线的书写纸上,从而形成微孔制成蜡版的工艺技术。

2. 誊写版印刷工艺

"油印机"是对誊写版印刷使用的工具和设备的统称,分为平面油印和转轮油印机两种机型。

平面油印机由放置承印纸张的印刷平台和绷有丝网的网版框架组成。网版框架用来贴附蜡纸版,并与印刷平台以铰链连接。印刷时先在框架内的丝网上放上蜡纸版,承印纸张放在印刷平台上,掀下丝网框架使蜡纸版与承印纸接触,然后用橡胶墨辊滚压蜡纸版,完成一次印刷。反复操作可印刷多张印刷品。

转轮油印机的滚筒外缘包有一层丝网,并装有叼纸的咬口,内部放墨鼓。印刷时先将蜡纸版贴附在滚筒外缘的丝网之上,再将纸张叼衔在咬口之内,转动摇柄,使滚筒循环转动,这样一张印刷品便印刷出来。早期的打字油印机为手摇式,所以效率低下,且经验不足的人往往因为加油墨而弄得满手都是黑墨。后来在油印机上装上马达,用马达驱动滚筒印刷,这样不仅减轻了劳动强度,而且大大提高了生产效率。后来为了区别于手摇式油印机,马达式油印机又被称为"速印机"。

二、近代书籍装帧形态

中国近代书籍的装帧形态主要是平装书和精装书,随着外国的制版、印刷技术的传入,中国传统的雕版印刷技术和线装书迅速衰落,平装书和精装书应运而生并迅速发展。

(一)发展

受现代印刷术的影响,书籍的艺术风格和形态也发生了变化。起初,书籍的版面和形态还保持着线装书的原样。但是随着现代印刷术的发展和新材料的应用,出现了新旧装帧形式同时存在的现象,在设计风格上介于传统与现代之间的转型过渡时期。这期间,书籍开始采用新闻纸、印书纸、铜版纸等纸张印刷,从单面印刷变为双面印刷,文字也由竖排改为了横排,这一形式一直延续到了现在,几乎所有的书籍、杂志和报纸的文字都是横向排版,对于读者来说阅读变得更为方便了。

在这一时期,除了小学教科书使用油光纸印刷、中式装订,一般文艺类书籍都渐渐采用白报纸双面印刷、西式装订。

五四运动之后,文化上出现了新的高潮,平装书和精装书更是为书籍装帧提供了一个新的参考,在封面设计排版和色彩运用方面出现了一些现代设计的迹象。尽管这种设计风格还十分不成熟,且很多作品带有一定的模仿痕迹,但对于我国当时的书籍装帧形式来说,已经是一个巨大的进步。

20世纪20年代中期,在五四运动高潮时,书籍装帧设计也在进行着创新,但在社会物质条件还不够发达的情况下,书籍多采用平装,精装书出得不多。在鲁迅先生的领导下,一大批文人也投身于书籍设计的行列,这一时期涌现出非常多优秀的装帧艺术工作者,如司徒乔、陶元庆、鲁迅、丰子恺等,代表作有鲁迅先生设计的《呐喊》、陶元庆先生设计的《彷徨》、丰子恺设计的《爱的教育》、司徒乔设计的《柚子》等。

(二)形态

平装书和精装书,是时代进步的产物,它与中国传统的装帧形态没有关联,主要是由于新技术的出现,以及书籍双面印刷及装订形式的改变,出现的新的装帧形态。

1.平装书的形态

平装书也被称为"简装书"。它制作工艺简单,成本相对低廉,便于机械化生产,可以满足普通读者的需要,因此广泛使用于书籍装帧。其主要工艺包括折页、配页、订本、包封面和切光书边。

为了降低成本,平装书一般以纸质材料为封面。前些年的封面设计一般有手绘和电脑设计两种办法。相较于电脑设计,手绘在一定程度上效率较低,所以从 20 世纪 80 年代初开始,电脑设计逐渐取代手绘。电脑设计是科技发展的结果,它具有极大优势,设计效率高,可随便变换字体和色彩,还可以更加直观地看到封面设计所呈现的效果,因此受到设计者的普遍欢迎。

平装书中因某些工艺的不同,又可分为以下几种:平订(包括缝纫订、铁丝订等)、骑马订、锁线订和无线订等。

骑马订是最简单的装订方式。用铁丝订在二页折缝处,使之弯脚钩锁成本,由于订书时书芯是骑在订书机上装订的,故称骑马订。封面与正文装订在一起,没有书脊。这种装订方式要求正文必须连页,页数不能太多,所以不适用于厚书,一般用于宣传册,儿童的绘本读物也常常用这种装订方式。

平订即"铁丝订"。它和骑马订的区别在于订口在内白边上,我们平常用订书机订书即是铁丝平订。这种装订方式能订单页,费用比较低并且效率高,最后的成书背脊平整,一般适用于装订 200 页以下且对质量要求不高的书刊。但它也有一定缺点,订脚紧,较厚的书不易完全展平,翻阅时较困难,阅读不便,并且铁丝受潮容易生锈,会造成生锈处的纸张发黄,影响外观甚至造成书页脱落。

穿线订也叫"锁线订""索线订""串线订"。每帖书页中间用线或铁丝订好,并在串联过程中使各书帖之间互相锁紧。穿线订的效果最好,精装书多用穿线订。

胶装,顾名思义,即不用线、铁丝装订,只用胶水把书页黏住,装订后与锁线订一样。胶装虽然成本低,但不耐用,长时间后书页易脱落,适用于不用作收藏的通俗读物。

最后一种是圈订,圈订多用于台历、样本、本子等的装订。一般不受厚度的影响,装订时比较灵活,且添页减页比较方便。在设计页面时,需要根据页面的厚度选择圈的直径,再根据直径留页面装订位的大小。

2.精装书的形态

精装书,与平装书相反,是装帧形态中最为考究的一种,工艺要求较高。为了保护书芯,精装书需要采用硬纸板加裱纸张或纺织品做成的硬质书壳。由于结实美观,易于保存,其对书籍的保护非常好,因此主要适用于需要长期阅读或收藏的经典著作、工具书和精美画册等,所以图书收藏爱好者都喜欢精装书。

精装书的书脊有圆角的(经过扒圆加工后背脊成圆弧而成),一般以书芯厚度为旋,与圆弧呈130度为宜;同时有方角的。一般篇幅较大的工具书最好选用圆角的形式,但书脊文字容易被损坏。方角的精装书翻阅效果差,并且书的订口处会多留些空白,便于阅读正文文字,所以版面设计略窄。

精装书的结构较为复杂,由外向内分为:函套、护封、内封、环衬、扉页、内文、版权页、堵布头和丝带等。

3. 假精装书的形制

假精装书也称简精装或是软面精装,是为了减轻书籍重量和便于阅读,把硬面改为软面,即用较薄的纸板代替一般精装书上较厚的纸板。

因此,假精装是介于精装和平装之间的一种装订形式。在结构上假精装书一般没有函套,护封印制精美;内封多用普通硬衬纸,设计简单;扉页、内文和版权页的设计与编排类似于精装书。

三、书籍形态设计的意义

清代叶德辉在《书林清话》中写道:"凡书之直之等差,视其本,视其刻,视其纸,视其表,视其刷,视其缓急,视其有无。本视其抄刻,抄视其讹正,刻视其精粗,纸视其美恶,装视其工拙,印视其初终,缓急视其时,又视其用,远近视其代,又视其方。合起七者,参伍而错综之,天下之书之直之等定矣。"因此,书品的好坏是有标准的。

当读者打开一本书时,通过手的触摸,读者最先体会到的是书的质感。如果书的设计是采用一份独特的材质,则会让读者对书产生新鲜感;随着书页的翻动,油墨香扑面而来;不同的纸张,翻动的声音有强有弱,有如音乐的节拍。整个读书过程,读者从触觉、嗅觉、听觉等多个方面品味书的奥妙,进而完成阅读的全过程,这无疑是一次愉快的阅读旅程。如果读者打开书,映入眼帘的是粗糙的材质、枯燥的文字罗列、无节奏变化的文体结构,只会使读者产生审美疲惫,难以卒读。

由此可见,书籍设计是十分重要的。它最主要的意义在于通过文本和图片的表现力、纸张的触感等将书籍的魅力由内而外地传递给读者,同时以形态设计体现该书的基本精神,向读者宣传书籍的内容,借助艺术的形式帮助读者很好地理解书籍的内容,增加读者的阅读兴趣。也就是说,这不仅是为了吸引读者,给读者留下美好的第一印象,更是为了使读者对书籍内容理解得更为透彻。

我们在进行书籍设计时,要预先制定装帧的整体和局部的完整方案,要注意材料与工艺、思想与艺术、表面与内部等因素的统一,使开本、装订、印刷、封面、书脊、扉页、插图等环节,形成一个和谐的整体。进而书籍在物质功能和审美功能相结合的基础上,达到理想的效果,从而具有使用价值和欣赏价值。

一份好的书籍设计一定具有可视性和可读性两个特点。可视性是为了让读者对该书一目了然,可读性是为了便于读者阅读、查找等。千篇一律的形态设计使读者讨厌,无序的变化也会让读者厌烦。所以,我们需要用感性和理性的思维方法建构艺术且实用的书籍形态,在内容排版、图片质量、纸张质感、书籍设计等方面让人耳目一新,或者用新颖的结构、简洁的方式演绎生动形象的故事。当读者带着好奇心打开一本书时,发现看到的内容是一份意料之外的惊喜,便会被深深地吸引住,继续阅读书籍的内容,从而被启迪、从心灵上感到震撼,这就是书籍设计的意义。

书籍这一古老的传媒形式,在人类漫长的发展过程中,承载了丰富的精神和思想。当今社会,随着人们审美情趣和文化意识的提升,书籍不仅是文化传承的载体,经过一定的包装,更是一部典雅的艺术作品,并形成了中国书籍独有的文化韵味。

《说文解字》释“籍”云:“簿书也。”[①]《说文解字注》称“簿也。簿当作薄。六寸薄、见寸部。引伸凡箸于竹帛皆谓之籍。从竹。耤声。秦昔切。古音在五部。”[②]“籍”在《玉篇》中有“借”的意思,借用竹简以文字记录政事,因而又有登录、记载之意。“籍”在古代即为“典籍”“载籍”,在古人的概念里,“书”与“籍”是两个不同的概念,“书”一般指书法、书写、书体等。

虽然考证书籍真正的起源是很难的,但我们可以探索总结中国书籍的大致发展历程。通过梳理,我们可以看出,随着时代的发展,在不同的历史时期,书籍具有不同的物质形态,书籍经过了以绳子、竹木、树皮、陶片、甲骨、金属、石头、缣帛为载体的物质形态,最后才形成纸的书籍形态,通过雕版印刷、活字印刷、装订方法的变更等,书籍的形态越来越丰富,越来越便于使用和阅读。

近百年来,书籍的形态基本上一成不变,在如今的信息时代,多媒体发展迅速,随着社会的经济、环境、文化的改变,书籍形态是否也要适应社会的发展,这是值得作家、出版家、书籍设计者共同探讨的问题。

---

① 许慎. 说文解字[M]. 北京:中华书局,1963:95.
② 许慎. 说文解字注[M]. 上海:上海古籍出版社,1981:190.

第二章

古典文献的目录

古典文献目录是中国学术文化的重要组成部分,目录以"辨章学术,考镜源流"为特色。历代目录学者,编次类别,勤于撰述,成就了一系列目录学著作。在古典文献学体系中,目录学是文献学的一部分,为历代文史研究者提供了重要参考。王欣夫的《文献学讲义》提出文献学有三个主体内容:目录、版本、校雠,而目录位于首位。当然,王氏认为目录、版本、校雠"是三位一体的,不应该分什么先后""本来目录中也可包括版本、校雠"①。为方便叙述,现将目录别为一章。

第一节 目录与目录学

一、何为目录

目指一书中各篇之名或群书中各书之名,录即书录、叙录(序录),有解题与提要之意。《汉书·艺文志》称刘向校书:"每一书已,向辄条其篇目,撮其指意,录而奏之。"②《隋书·经籍志》亦云:"每一书就,向辄撰为一录,论其指归,辨其讹谬,叙而奏之。"③由此推测,"条其篇目"即为"目"之意;"撮其指意""论其指归"即为"录"之意。简言之,"目"指的是一书中的篇目,"录"指的是目与叙的总称。当然,有篇目而无叙录的也称目录。随着时间发展,只记载书名而无篇目的,也称为目录,这实际上是一种"泛称"。

"目录"二字成为一个名词,起源于汉成帝命刘向、刘歆父子校书之时。《汉书·叙传》云:"刘向司籍,九流以别,爰著目录,略序洪烈。"④《文选》中王康琚《反招隐诗》李善注引云:"刘向《列子》目录。"⑤李善注又引刘歆《七略》释任彦昇《为范始兴求立太宰碑表》云:"《尚书》有青丝编目录。"⑥自刘氏父子后,"目录"之称为后世沿用。汉郑玄有《三礼目录》,《四库全书总目》据此认定目录创始者为郑玄,实际上刘氏父子在郑氏之前已提出"目录"一词。

① 王欣夫.文献学讲义[M].上海:上海古籍出版社,2005:4.
② 班固.汉书·艺文志[M].北京:中华书局,1985:1701.
③ 魏征.隋书·经籍志[M].北京:中华书局,1973:905.
④ 班固.汉书·叙传第七十下[M].北京:中华书局,1962:4244.
⑤ 萧统.文选[M].北京:中华书局,1977:311.
⑥ 萧统.文选[M].北京:中华书局,1977:542.

目录之制起源于《尚书》《诗经》之序。《隋书·经籍志》云:"古者史官既司典籍,盖有目录,以为纲纪,体制埋灭,不可复知。孔子删《书》,别为之序,各陈作者所由。韩、毛二《诗》,亦皆相类。"①今《尚书》《诗经》均有序,古时序别为一篇(如《诗序》),列在全书之后,后人将序列于各篇之首。《隋志》中的"目录"与"书叙"关联,古之书叙,条其篇目,是目录最早的体制。

目录实际上应该包括篇目和叙录,但后世删其目与叙,只存书名,这就导致已佚之书篇目不可考。晋代以后,这种只记书名的方式被承袭下来。后之官修、私人目录,《崇文总目》《郡斋读书志》《直斋书录解题》《文渊阁书目》《四库全书总目》等,每部书均有书名、叙录(提要),然没有一书详列篇目。一旦书籍散亡,篇目亦随之而亡,尤不利于辑佚之学的发展。

二、作为学术的目录学

目录学专称始于北宋仁宗之时,苏颂《丞相魏公谭训》记载"祖父谒王原权",因论政事。仲至侍侧,原叔令检书史。指之曰:此儿有目录之学"②。此处"目录之学"可算是"目录学"名称最早的出处。然而,目录学作为一门学问,直到清代方才被提出。学术意义上的目录学之称,始于清王鸣盛,其在《十七史商榷》中称:"目录之学,学中第一要紧事。必从此问途,方能得其门而入。然此非苦读精究,质之良师,未易明也。"③目录学之谓由此诞生。当然,清人金榜、张之洞对目录学均有自己的见解,如金榜说:"不通《汉书·艺文志》,不可以读天下书。《艺文志》者,学问之眉目,著述之门户也。"④

张之洞《书目答问·略例》:"读书不知要领,劳而无功;知某书宜读而不得精校精注本,事倍功半。此编所录,其原书为修四库书时所未有者十之三四。四库虽有其书,而校本、注本晚出者十之七八。今为分别条流,慎择约举,视其性之所近,各就其部求之。又于其中详分子目,以便类求。一类之中,复以义例相近者使相比附。再叙时代,令其门径秩然,缓急易见。凡所著录,并是要典雅记,各适其用。皆前辈通人考求论定者。总期令

① 魏征.隋书·经籍志[M].北京:中华书局,1973:992.
② 苏颂.苏魏公全集[M].北京:中华书局,1988:1141.
③ 王鸣盛.十七史商榷[M].上海:上海书店出版社,2005:1.
④ 王鸣盛.十七史商榷[M].上海:上海书店出版社,2005:162.

初学者易买易读,不致迷罔眩惑而已。弇陋者当思扩其见闻,泛滥者当知学有流别。"①

张之洞《輶轩语·论学第二》:"泛滥无归,终身无得;得门而入,事半功倍。或经,或史,或词章,或经济,或天算地舆。经治何经,史治何史,经济是何条,因类以求,各有专注。至于经注,孰为师授之古学,孰为无本之俗学;史传孰为有法,孰为失体,孰为详密,孰为疏舛;词章孰为正宗,孰为旁门,尤宜决择分析,方不至误用聪明。此事宜有师承。然师岂易得?书即师也。今为诸君指一良师,将《四库全书总目提要》读一过,即略知学问门径矣。"②

那么,目录学的内涵是什么?汪国垣《目录学研究》认为目录学含义有四:其一,"纲纪群籍,簿属甲乙之学也",即目录家之目录;其二,"辨章学术,剖析源流之学也",即史家之目录;其三,"鉴别旧椠,雠校异同之学也",此为藏书家之目录;其四,"提要钩玄,治学涉径之学也",此为读书者之目录。③ 王欣夫《文献学讲义》引汪国垣《目录学研究》所论,指出:"目录学应该包括这四种界义,才得全面。虽然,研究者的探讨对象可能有所不同,但不能把这四种界义各自孤立起来。"④余嘉锡《目录学发微》云:"盖吾国从来之目录学,其意义皆在'辨章学术,考镜源流',所由与藏书之簿籍,自名鉴赏、图书馆之编目仅便检查者异也。"⑤汪辟疆认为:"目录之学,有本有末:穷六艺之流别,较四部之得失,外以通夫古今学术之邮,内以神其绀绎存心之用,此目录学之本旨也;辟治学之门径,启著录之成规,大之可为通方致远之资,小之足为提要钩玄之助,此目录学之末节也。"⑥武汉大学与北京大学《目录学概论》编写组提出,"目录学是目录工作的概括和总结,是反映目录工作实践活动发展变化的一般规律的科学。"⑦姚名达《中国目录学史》则云:"目录学者,将群书部次甲乙,条别异同,推阐大义,疏通伦类,将以辨章学术、考镜源流,欲人即类求书,因书究学之专门学术也。"⑧张三夕《中国古典文献学》综合各家所述,给目录学所下定义为:"目录学是研究目录的形成和发展,探讨目录工作一般规律的专门学术,它是目录实

① 张之洞. 书目答问二种·略例[M]. 北京:生活·读书·新知三联书店,1998:5.
② 张之洞. 张之洞全集·輶轩语·语学第二[M]. 武汉:武汉出版社,2008:204.
③ 汪国垣. 目录学研究[M]. 上海:商务印书馆,1934:1-3.
④ 王欣夫. 文献学讲义[M]. 上海:上海古籍出版社,2005:11.
⑤ 余嘉锡. 目录学发微[M]. 成都:巴蜀书社,1991:12.
⑥ 汪辟疆. 目录学研究·序[M]. 上海:华东师范大学出版社,2000:1.
⑦ 武汉大学与北京大学《目录学概论》编写组:目录学概论[M]. 北京:中华书局,1982:10.
⑧ 姚名达. 中国目录学史[M]. 上海:上海书店,1984:8.

践活动的理论概括和总结。"①

第二节　古典目录学的形成和发展

一、先秦时期目录的雏形

目录学是基于积累了一定数量的历史文献和图书以后产生的,是一个缓慢发展的过程。在奴隶制社会时期,史官们会将记录当时政治、经济、文化的图书文献集中保藏。为了检查和使用方便,他们将其按一定的次序排列,编定相适应的数码,逐渐有了固定的方式和规律,这就形成了简单的注入图书文献的目录。这一时期即我国历史上的商代,也是我国古代目录学的胚胎时期。

奴隶制社会由于生产力的低下及奴隶主的剥削,社会发展极其缓慢,文化典籍的发展也是极其缓慢的,而目录学的发展必须依赖丰富的文化典籍。在奴隶制社会时期,文化典籍掌握在史官手里,没有什么流通,目录学也就很难得到发展。直到奴隶制崩溃的社会大变革时期,由于生产力的提高和士阶层的产生,文化教育有了更广泛的影响。作为士阶层中的杰出人物,孔子采集鲁、周、宋等国家保存下来的古代图书文献,在授徒讲学中,在删定、解释六经时,创造性地推动了目录学的发展。在六经中,《易经》的《序卦》是说明六十四卦的排列次序和内在联系的叙录,《书经》和《诗经》的小序是说明各篇"作意"的叙录。这些由他和他的弟子们在六经篇目中作出的说明和见解,也就是后世所称说的"大序"和"小序"。

儒家学派形成后,代表其他阶层与集团的思想利益的人也提出了相关的学说,由此出现了诸子百家争鸣的新时代,这一时期的阶级斗争和阶级分化是剧烈的,社会经济文化的发展是迅速的。诸子百家各自著书立说,大力宣扬自己学派的学说,他们把儒家学派的大序和小序改造为阐述和宣扬自己著述的自序。儒家学派大序和小序,诸子百家宣传自己著述的自序,是我国古代目录学在形成过程中的重要文献。

汉武帝罢黜诸子百家以前,学术思想还没有完全统一在儒家上面,诸子著书还着重

---

①　张三夕. 中国古典文献学[M]. 武汉:华中师范大学出版社,2007:76.

编写自序,以达到宣扬自身学说的目的,所以自序的编写在此时已经达到了非常成熟的地步,比如《淮南鸿烈·要略》,司马迁《太史公自序》,班固的《汉书·叙传》。

从儒家学派校书的大序小序,到战国秦汉诸子百家的自序,再到刘向的《别录》,这是我国古代目录从发生、发展到形成的整个过程,那些大小序和自序在当时实际上也起着提要目录的作用。我国古代目录在系统的目录没有产生之前,大小序和著书的自序都是一书的解题目录,由于那时候的古书多是以单篇的形式流传,所以也起着公共目录的作用。

图书目录事业是文化教育事业的组成部分,它的发展过程是和教育事业相辅,但总又稍后于教育事业的。汉武帝制定文化教育政策的时候,还有"书缺简脱,礼坏乐崩"的慨叹,同时也曾"建藏书之策,置写书之官"。可是终武帝之世,也只是配合军事上的需要,由杨仆把兵书整理出来,编成了一部《兵录》。虽然没能对全部藏书进行整理与编目工作,但也为之后刘向、刘歆父子校理群书的工作铺平了道路。

二、中古前期目录的定型与发展

"目录"一词现存文献以《汉书》为最早。汉成帝一方面使陈农更广泛地"求遗书于天下",一方面任命刘向领导校书编目工作,建成一个中央政府图书馆,并编出一套系统的藏书目录。我国第一部图书分类总目录《七略》,便是由刘向、刘歆父子建成。

刘向、刘歆所建立的校书编目工作程序和方法,在我国图书目录学史上影响深远。他们对当时重要的文化典籍做了一次总结性的大整理。在仔细校对文本内容的同时"每一书已,向辄条其篇目,撮其指意,录而奏之",录就是序录,概述图书的内容。编撰叙录是目录学中非常重要的工作。其编撰的叙录内容,基本包括三个部分:一是目次,也就是篇目和次第。二是记叙校订过程,也就是校雠整理情况,包括书本的一般情况,如来源、篇数、文句脱误等情况。第三是撰述全书大意,包括著者事迹、时代背景、辨别真伪或评述个别篇章等。这是叙录中最重要的部分。校雠整理情况、作者生平、内容大要,共同构成一篇叙录。目次加叙录,构成了一书的目录,许多书的目录汇集起来,就成为群书目录。刘向、刘歆的编目方法和所建成的目录体系,一直影响着历代封建王朝官修目录的发展。

这样的叙录正是吸取了儒家学派的大序、小序和秦汉诸子著述的自序的优点,以及戴圣《礼记叙略》的形式,又结合了当时校书编目的具体情况和读者的需要而创作出来的。这就产生了目录学上的评介图书的叙录体,大约相当于今天书前的"目次"和"序"两部分内容。刘向所创造的目录学上图书叙录的形式,是最善于揭示并概括一书的著者事迹和思想内容的,这使我国的书目提要在很早时期达到了很高的水平,这在中国目录学史上的贡献是巨大的。

中古前期,自汉至魏晋南北朝间,四分法在系统目录中占了统治地位。这一时期在系统目录建成后,以封建政府藏书的官修目录为主导,随着政治、经济、文化缓慢发展,目录学的发展呈现以下几个特征:

(1)我国的图书目录事业是紧密地随着政治、经济、文化作了相适应的发展和变化的。文化典籍在种类和数量上的发展是社会基础发展的反映;而系统目录在分类上的变化则是文化典籍和学术思想发展的反映。

(2)在政府藏书目录的基础上产生了纪传体史书内的"艺文志",成为我国目录中的特点之一。

(3)由于官僚地主私人藏书家的发展,产生了由私人补充政府藏书目录而编成的全国综合性系统目录,并且压倒了官修目录。

(4)由于文史书籍的特别发展和佛经的大量翻译,在系统目录之外,又产生了以文史佛经为内容的专科性目录。如荀勖的《文章叙录》、挚虞的《文章志》、裴松之的《史目》、释僧祐的《出三藏记集》等。

(5)由于各种目录对于藏书和读书的积极影响,目录的功用被更多的人所重视,目录学的方法从而也有所提高,目录学的理论也逐渐被总结出来。

三、中古后期目录的繁荣

中古后期,自隋唐建国到明朝洪武十三年废除秘书监时期,目录学持续向前。唐宋时期是我国封建社会兴盛和繁荣的时期,而元代则是这一时期的余波。在这一时期内,图书目录事业的发展和兴盛与此时的政治、经济、文化的发展同步,其发展情况和主要特点如下:

(1)在封建政府藏书登记目录的基础上,修成了质量较高的有提要的系统目录,如《群书四录》《古今书录》《崇文总目》《中兴馆阁书目》。

(2)由于官修目录的质量提高,史志目录有了进一步的发展,如《隋书·经籍志》《旧唐书·经籍志》《新唐书·艺文志》和《宋史·艺文志》。

（3）私人编制藏书目录形成了风气,如《郡斋读书志》《直斋书录解题》《遂初堂书目》。

（4）出现了《通志·艺文略》《玉海·艺文》《文献通考·经籍考》一类的大型参考目录。

（5）目录学的方法理论进一步的发展,并且出现了如《通志·校雠略》专门阐述目录学方法理论的专著。

这些都标志着中古后期我国图书目录事业的繁荣。

第三节　古典目录的分类

群书目录都有分类问题,我国古代图书分类从西汉到清代也是不断演变的过程。图书的分类,一则是为了查找方便;二则是能够通过分门别类以总结学术源流。历代图书的大致分类情况如下:

1. 七分法

刘向、刘歆等在每一书后都撰有一篇书录,当时把这些书录单独辑成一部书,即为《别录》。同时刘歆又在《别录》基础上,写成《七略》。相较向之《别录》,歆之《七略》则更为严密,有总序(辑略)、六类(六略),又有类序,总结各类学术源流。《别录》《七略》都是群书目录,也是非常重要的学术著作,西汉以及西汉以前我国学术的发展赖此二书得窥一二。但此两部目录均已亡佚,然班固《汉书·艺文志》是根据《七略》删就的,除了删去各书书录外,基本保存了《七略》的面貌。

《七略》的大类叫作"略",小类叫作"种","辑略"为全书叙录,类别为六艺、诸子、诗赋、兵书、数术、方技六大类,六类又下分若干小类,共有三十八小类。所以,虽曰"七略",实际仅分六部。《辑略》不是单独一类,所以《七略》只有六类,可称为"六分法"。

继承刘向、刘歆《七略》分类体系而又有所发展的是王俭的《七志》。其分类如下:经典志:纪六艺、小学、史记、杂传;诸子志:纪今古诸子;文翰志:纪诗赋;军书志:纪兵书;阴阳志:纪阴阳、图纬;术艺志:纪方技;图谱志:纪地域及图书;道经:道教经籍;佛经:佛教经籍。《七志》比《七略》增加图谱一类,成为"七分法",又附道经、佛经二录,实际为"九分法"。

《七志》之后有阮孝绪的《七录》,该书亦佚,仅《七录序》保存于《广弘明集》卷三之中。据《七录序》所附《七录目录》，知其分类如下：经典录、记传录、子兵录、文集录、术伎录五篇，为"内篇"，另有佛法录、仙道录二篇，为"外篇"。从以上框架看，《七略》《七志》虽以"七"名，实非七类，《七录》才是真正的"七分法"。

2. 四部分类法

西晋秘书监荀勖因魏《中经》更辑新簿，即为《晋中经簿》，此书分为甲、乙、丙、丁四部。甲部：六艺、小学；乙部：古诸子家、近世子家、兵书兵家、数术；丙部：史记、旧事、皇览簿、杂事；丁部：诗赋、图赞、汲冢书。后东晋李充就西晋荀勖《晋中经簿》加以校核，重编《晋元帝书目》，仍以甲、乙、丙、丁分四部。但将荀勖的丙、乙位置互换，也就是说将史书升到第二位乙部，子书降到第三位丙部。此后，四部的格局基本确定。但此时还不称经、史、子、集，而称甲、乙、丙、丁。东晋末年还有《晋义熙四年秘阁四部目录》，分类方法与李充同。

之后南北朝出现的四部目录相当多，如谢灵运编的《宋元嘉八年秘阁四部目录》，王俭编的《宋元徽元年秘阁四部书目录》，王亮、谢朏编的《齐永明元年秘阁四部目录》，刘孝标编的《梁天监四年文德正御四部目录》等。梁元帝萧绎《金楼子》有《著书篇》，系萧绎自著或命人代撰之书的目录，分甲、乙、丙、丁四部，大概是现存最早的四部目录。隋朝四部目录有《开皇四年四部目录》《开皇八年四部书目录》等。唐代初年官修《隋书·经籍志》是现存较早的按四部分类的目录，学术价值较大。其分类框架如下：

经：易、书、诗、礼、乐、春秋、孝经、论语、纬书、小学。

史：正史、古史、杂史、霸史、起居注、旧事、职官、仪注、刑法、杂传、地理、谱系、簿录。

子：儒、道、法、名、墨、纵横、杂、农、小说、兵、天文、历数、五行、医方。

集：楚辞、别集、总集。

（以上四部四十类）

道经（附）：经戒、饵服、房中、符箓。

佛经（附）：大乘经、小乘经、杂经、杂疑经、大乘律、小乘律、杂律、大乘论、小乘论、杂论、记。

（道佛共十五类）

如将《七略》《七录》《隋书·经籍志》相比较，可发现经部、集部都是前后一贯的。史部变化最大，原是六艺略中春秋的附庸，连二级类目都算不上。到西晋荀勖《晋中经簿》把史记、旧事、皇览簿、杂事列为"丙部"，已基本相当于后来的史部，东晋李充又把史书提升为乙部,后世基本沿用。如不讨论佛法录、仙道录,《七录》实际上只有五录,其中子兵录、术伎录相当于四部中的子部,另三录经典、记传、文集则相当于四部中的经、史、集。因此《七录》实际上处于《七略》"六分法"与后来"四分法"的过渡状态。

《隋书·经籍志》是四部分类目录现存较早的一部,但其分类框架则是参照两晋南北朝各家目录拟定的。其后,我国图书分类基本上不出四部分类体系。四部分类体系到《四库全书总目》趋于成熟,可视为"四分法"的代表,凡四部四十四类,有些类下增析三级类目:

经部:易类、书类、诗类、礼类(周礼、仪礼、礼记、三礼总义、通礼、杂礼书)、春秋类、孝经类、五经总义类、四书类、乐类、小学类(训诂、字书、韵书)。

史部:正史类、编年类、纪事本末类、别史类、杂史类、诏令奏议类、传记类(圣贤、名人、总录、杂录、别录)、史抄类、载记类、时令类、地理类(宫殿疏、总志、都会郡县、河渠、边防、山川、古迹、杂记、游记、外纪)、职官类(官制、官箴)、政书类(通制、典礼、邦计、军政、法令、考工)、目录类(经籍、金石)、史评类。

子部:儒家类、兵家类、法家类、农家类、医家类、天文算法类(推步、算书)、术数类(数学、占候、相宅相墓、占卜、命书相书、阴阳五行、杂技术)、艺术类(书画、琴谱、篆刻、杂技)、谱录类(器物、食谱、草木鸟兽虫鱼)、杂家类(杂学、杂考、杂说、杂品、杂纂、杂编)、类书类、小说家类(杂事、异闻、琐语)、释家类、道家类。

集部:楚辞类、别集类、总集类、诗文评类、词曲类(词集、词选、词话、词谱词韵、南北曲)。

自《隋志》采用《七录》之分类法,删并为四部四十类后(不包括道经、佛经类),一千二百年来,官簿私录,基本沿袭。四部分类法实为中国目录之主要潮流,也就是分类史之正统派。取历代正史艺文志观之,未有不用其法者。私家著录,现存最古之晁公武《郡斋读书志》、尤袤《遂初堂书目》、陈振孙《直斋书录解题》、马端临《文献通考·经籍志》四家,及《明志》蓝本之黄虞稷《千顷堂书目》,不遵其矩范。明清以后,著录益繁,较其部类,极少改革。但偶有二三学人颇能闯出藩篱,自创新法。如宋仁宗时期河南李淑撰《邯郸书目》;北宋董逌撰《广川藏书志》;南宋初年郑樵撰《通志》,其《艺文略》尽列古今目录所收之书于一篇,分为十二类,下又分小类,小类之下更分二百八十四目,完全突破了四部分类法。还有钱曾的《述古堂藏书目录》,康熙间王闻远的《孝慈堂书目》等,也并未遵从四部分类法,但这些终归是少数。这一正统派四部分类法,溯其渊源,始于西晋荀勖

《晋中经簿》;穷其宗裔,则以《四库全书总目》为大宗。《四库全书总目》共计二百卷,此书为乾隆时期纪昀等人编纂的一部大型解题目录,是中国古典目录的集大成者。换言之,《四库全书总目》是现存最大的一部传统目录书。

3. 经、史、子、集、丛五部分类

《四库全书总目》对于考察我国古籍的版本源流、文字异同、著者事迹,不失为一部考证精详的有用的目录。在分类体系和编写提要的方法方式上也积极影响着各种藏书目录的编写。但随着历史的发展,对于后出的古籍,这份目录也表现出很大的局限性。至清末张之洞《书目答问》,把丛书从子部杂家类杂编之属分出来,别立"丛书部",次于集部之后,成为五部分类体系。后来一般沿用五分法。《中国古籍善本书目》就分经、史、子、集、丛五部。《中国丛书综录》仍是四部分类,但对于丛书中的小丛书,如《微波榭丛书》内有《算经十书》,则于四部之后别立"别录"一部的模式,《丛书综录》在四部之下分出的小类较《四库全书总目》又精细许多。

4. 现代目录分类

20 世纪初,伴随着西学东渐之风和文化综合的趋势,古典目录学有了新的发展。20世纪 30 年代,在将古典目录学与西方目录学融合成一个新的整体后,现代目录学已基本建立。古典目录学是以文献本身为中心,目录学是文献活动诸环节的轴心,是学术研究的基础。注重文献整理,强调辨章学术、考镜源流。最早的目录活动是为了文献典籍的收藏,旨在收藏而非利用,详细说明图书类例,目的是剖析学术源流。现代目录学则是以读者为中心,核心思想是"利用文献"。文献的收集、整理、抄写、著述等,其目的在于尽可能方便读者利用,目录的导读功能在现代社会被放大。两者核心思想上的差别,并不代表古典目录学不再适用。现代目录学适应了近现代中国学术发展的要求,但并不适用于我国古籍的分类。两者可根据需要并行不悖,不能因此认为两者孰优孰劣,它们是视不同时期学术发展状况而制订的,不同分类体系产生于不同土壤、不同时代,都是现实的产物,各自有其合理性。当然也各有自己的不足之处,学者可以在运用的同时加以改造,使之更合乎图书的实际分类要求。

第四节　古典目录的内容

古典目录的内容大致包括书名、篇卷、撰人、朝代、提要、类序等,今分述如下:

一、书名

（一）古书命名的方式

1.以通称为书名

《诗》《书》《春秋》《史记》等，都应属于这一类。

2.摘取书中一二字为书名

《急就章》首句："急就奇觚与众异。"因取首二字为书名。王国维《观堂集林》卷五《史籀篇疏证序》云："《诗》《书》及周秦诸子，大抵以二字名篇，此古代书名之通例。字书亦然。《苍颉篇》首句虽不可考，然《流沙坠简》卷二第十八简上有汉人学书字，中有'苍颉作'三字，疑是《苍颉篇》首句中语，故学书者书之。其全句当云'苍颉作书'，句法正仿'大史籀书'。《爰历》《博学》《凡将》诸篇，当亦以首二字名篇，今《急就篇》尚存，可证也。"唐太宗集王羲之二十八帖装裱为一卷，取名《十七帖》，是因为首帖开头为十七日，其命名方式亦采取首二字。

3.以姓名为书名

古书原以篇行，例如《史记·老子韩非列传》："作《孤愤》《五蠹》《内外储说》《说林》《说难》十余万言。"又《管晏列传》："吾读管氏《牧民》《山高》《乘马》《轻重》《九府》。"均只取篇名。说明当时古书以篇为单位，后来才集一人之作为一书，这项工作大概主要是刘向父子整理皇家藏书时做的。所以《汉书·艺文志》著录有《李克》七篇、《宁越》一篇、《公孙固》一篇，以及《邓析》《庞煖》《邹阳》，都以人名为书名。如果表示尊重，则于姓后加子字，如《孟子》《荀子》《庄子》《管子》等。后代文集以人名或字号加上"集"字，如《陶渊明集》《庾子山集》亦是这种命名方式的变体。

4.以朝代命名

二十四史大都以朝代加"书""志""史"等命名。《后汉书》有谢承、薛莹、华峤、谢沈、袁山松等六家，《晋书》则有王隐、虞预、朱凤、徐广、谢灵运、臧荣绪、沈约、萧子云八家。这说明了纪传体史书有特定命名方式。总集如《全唐诗》《全宋诗》《全明诗》，也属于这种方式。

5.以时间命名

《长庆集》有元稹、白居易两家集子。宋代曾巩有《元丰类稿》。

6. 以地点命名

唐皮日休、陆龟蒙酬唱诗集名《松陵集》，宋陆游把诗集称为《剑南诗稿》，皆以地名为书籍命名。

7. 隐括内容为名

许慎《说文解字》、刘熙《释名》，属此类。

（二）同书异名与异书同名

在书籍数量增多以后，以下两种现象越来越多，那就是同书异名和异书同名。

1. 同书异名

如《国语》又名《春秋外传》，《史记》又名《太史公书》，《淮南子》又名《淮南鸿烈》等。有些属于全称与简称，如《輶轩使者绝代语释别国方言》简称《方言》，《焦太史国朝献征录》简称《献征录》。有的是因避讳改名，如《广雅》因避隋炀帝杨广讳改名《博雅》。明清小说同书异名更多，如《石头记》与《红楼梦》，《异史》与《聊斋志异》。

2. 异书同名

前面提到六家《后汉书》、八家《晋书》都是异书同名。后代还有不少异书同名者，如《河东集》（唐柳宗元、宋柳开）、《白云集》（元许谦、元释英、明唐桂芳）、《读书杂志》（清王念孙、清杨城等）等。

二、篇卷

篇和卷都是古书的数量单位，但篇与内容起讫有着密切关系，如《史记》一百三十篇，是指从内容上分为一百三十个单位。而卷则是从物质形态上划分的，竹木简、帛书、卷子都可以卷起来，所以以卷为单位。早期篇和卷基本统一。后来则往往不统一，一卷可包括若干篇。至于由卷子过渡到书册以后，篇、卷、册三者就更不统一，一册可包括两三卷，一卷又可包括两三篇。但由于篇与内容起讫紧密相关，所以篇目对一部书的完整性来说最为重要，无论书籍形态怎么变化，篇都是基本不变的。而卷、册就不同了，卷在书籍装潢变为册子以后，几乎失去了实际意义，书籍分卷主要是一种传统习惯。册就更具随意性，可厚可薄。目录书应同时记录篇、卷、册数，甚至记录页数，都有必要性，这样书籍就不容易残缺、错乱，而且可透过页数估计其篇幅大小。

三、撰人及朝代

书目记完书名、篇卷,就应记何时何人所撰。

(一)关于撰人的朝代

朝代当然是著者生活的朝代。改朝换代,前朝官员如不受新朝俸禄,称为"遗民",则仍标前朝。如《四库全书总目》:"《吾汶稿》十卷,宋王炎午撰。炎午……宋末为太学生,咸淳间文天祥募兵勤王,炎午杖策谒之,留入幕府。旋以母老辞归。天祥被执北上,炎午为文生祭之,励以必死,尤世所称。入元后终身不出,因所居汶源里名其稿曰《吾汶》,亦示不仕异代之义。"其他宋末元初人,如果著录为宋人,一般都要明确一个事实:"入元不仕"。《四库全书总目》又著录:"《稼村类稿》三十卷,元王义山撰。义山字符高,丰城人,宋景定中进士,知新喻县,历永州户曹。入元,官提举江西学事。原刻题曰宋人,非其实也。"可知朝代问题是容不得半点马虎的。

(二)关于撰人

著者,一般要著录姓名。过去有不少书署名是朝代、籍贯、姓名、字连署,例如明末汲古阁刻《中纪闻》题:"宋昆山龚明之希仲纪,明虞山毛晋子九订。"《山海经新校正》题:"兵部侍郎兼都察院右副都御史巡抚陕西西安等处地方赞理军务兼理粮饷钦赐一品顶带毕沅新校正。"

现在一般从中截取朝代、姓名,作"宋龚明之撰""清毕沅校正"。但有时,有同姓名现象,如何区别? 要靠时代不同、字号不同、籍贯不同加以区别。因此,如果目录书能把朝代、籍贯、姓名、字、号照原书著录,会有很大用处。中国疆域很广,地域文化各具特色,因而乡邦文献历来受重视,目录书中的著录、撰人、籍贯对研究地方文史有很大帮助。著者姓名后著录是著还是编、辑、校、注等,属于著述方式,对读者也有很大帮助。

四、提要

提要即内容提要,首先应介绍著者生平,如里籍、字号、科第、官位、生卒年等;然后介绍书的内容;最后评价得失,或者考其流传情况、版本源流。对于珍贵的版本,要对鉴别情况加以说明。有些提要是辑录前人序跋而成,叫"辑录体"。如元马端临《文献通考·经籍考》、清朱彝尊《经义考》、谢启昆《小学考》,即是这种体例。这种目录可为后人提供丰富的原始资料，十分有价值。还可以两者结合，先列前人提要序跋，再加个人按语。清末孙诒让《温州经籍志》就是如此。

提要内容十分丰富，无论是作者小传、内容梗概、优劣评价，还是版本源流等，都必须建立在对原书的研究基础之上。在这方面，《四库提要》规模较大，总体水平较高，如《四库提要》中《诗序》一篇，关于《诗序》的作者问题，历来有几种说法，四库馆臣看法如何，均有条不紊，历历在目；而且文字精练，要言不烦，千年聚讼，纲举目张。

五、类序

《汉书·艺文志》在前面有总序，六略各有大序，各小类又有小序。其总序有提纲挈领之功，其云：

昔仲尼没而微言绝，七十子丧而大义乖。故《春秋》分为五，《诗》分为四，《易》有数家之传。战国纵横，真伪分争，诸子之言，纷然淆乱。至秦患之，乃燔灭文章，以愚黔首。汉兴，改秦之败，大收篇籍，广开献书之路。迄孝武世，书缺简脱，礼坏乐崩，圣上喟然而称曰："朕甚闵焉！"于是建藏书之策，置写书之官。下及诸子传说，皆充秘府。至成帝时，以书颇散亡，使谒者陈农求遗书于天下。诏光禄大夫刘向校经传、诸子、诗赋，步兵校尉任宏校兵书，太史令尹咸校数术，侍医李柱国校方技。每一书已，向辄条其篇目，撮其指意，录而奏之。会向卒，哀帝复使向子侍中奉车都尉歆卒父业。歆于是总群书而奏其《七略》，故有《辑略》，有《六艺略》，有《诸子略》，有《诗赋略》，有《兵书略》，有《术数略》，有《方技》略。今删其要，以备篇籍。[①]

《汉志》以后，仿班固之例撰有类叙者颇多，如王俭的《七志》、许善心的《七林》、魏征的《隋书·经籍志》、毋煚的《古今书录》等。也有不撰类叙者，如《旧唐书·经籍志》《新唐书·志文志》《宋史·艺文志》《明史·艺文志》等，因而余嘉锡认为"由是自唐以下，学术源流多不可考，不能不追憾《旧唐志》之陋也"[②]。《七志》《七林》《古今书录》书多亡佚，唯《隋志》存。《隋书·经籍志》总序云：

夫经籍也者，机神之妙旨，圣哲之能事。所以经天地、纬阴阳、正纪纲、弘道德，显仁足以利物，藏用足以独善。学之者，将殖焉；不学者，将落焉。大业崇之，则成钦明之德。

① 班固.汉书·艺文志[M].北京：中华书局，1983：1701.
② 余嘉锡.目录学发微 古书通例[M].北京：中华书局，2007：70.

匹夫克念,则有王公之重。其王者之所以树风声、流显号、美教化、移风俗,何莫由乎斯道?故曰,其为人也,温柔敦厚,《诗》教也。疏通知远,《书》教也。广博易良,《乐》教也。洁静精微,《易》教也。恭俭庄敬,《礼》教也。属辞比事,《春秋》教也。遭时制宜,质文迭用,应之以通变,通变之以中庸。中庸则可久,通变则可大。其教有适,其用无穷。实仁义之陶钧,诚道德之橐籥也。其为用大矣,随时之义深矣,言无得而称焉。故曰,不疾而速,不行而至。今之所以知古,后之所以知今,其斯之谓也。是以大道方行,俯龟象而设卦。后圣有作,仰鸟迹以成文。书契已传,绳木弃而不用。史官既立,经籍于是兴焉……①

又如《隋书·经籍志》集部"楚辞类"小序云:

《楚辞》者,屈原之所作也。自周室衰乱,诗人寝息,谄佞之道兴,讽刺之辞废。楚有贤臣屈原,被谗放逐,乃著《离骚》八篇,言己离别愁思,申杼其心,自明无罪。因以讽谏,冀君觉悟。卒不省察,遂赴汨罗死焉。弟子宋玉,痛惜其师,伤而和之。其后贾谊、东方朔、刘向、扬雄,嘉其文彩,拟之而作。盖以原楚人也,谓之"楚辞"。然其气质高丽,雅致清远,后之文人,咸不能逮。始汉武帝命淮南王为之章句,旦受诏,食时而奏之,其书今亡。后汉校书郎王逸,集屈原已下,迄于刘向,逸又自为一篇,并叙而注之。今行于世。隋时有释道骞,善读之,能为楚声,音韵清切。至今传《楚辞》者,皆祖骞公之音。②

清乾隆时期纪昀等人撰有《四库全书总目》一书,其分经、史、子、集四大类,四部有总叙,大类下又分小类,每大类与小类前面均有小序,子目后面有按语,简要说明此类著作的源流以及划分类的目的和理由。这些大小序在辨明学术源流方面作用甚大。《四库全书总目》是古典目录的典型,也是中国古典目录的集大成者。如《四库全书总目》中的《总叙》,可谓做到了"辨章学术,考镜源流",《四库全书总目》集部总叙云:

集部之目楚辞最古,别集次之,总集次之,诗文评又晚出,词曲则其闰余也。古人不以文章名,故秦以前书无称屈原、宋玉工赋者。洎乎汉代,始有词人。迹其著作,率由追录。故武帝命所忠求相如遗书,魏文帝亦诏天下上孔融文章。至于六朝,始自编次。唐末又刊版印行(事见贯休《禅月集》序)。夫自编则多所爱惜,刊版则易于流传。四部之书,别集最杂,兹其故欤。然曲册高文,清词丽句,亦未尝不高标独秀,挺出邓林。此在剪

① 魏徵.隋书经籍志[M].上海:商务印书馆,1955:1-2.
② 魏徵.隋书经籍志[M].上海:商务印书馆,1955:111-112.

刘訏言，别裁伪体，不必以猥滥病也。总集之作，多由论定。而兰亭金谷悉觞咏于一时，下及汉上题襟，松陵倡和。《丹阳集》惟录乡人，《箧中集》则附登乃弟。虽去取金孚众议，而履霜有渐，已为诗社标榜之先驱。其声气攀援，甚于别集。要之浮华易歇，公论终明。岿然而独存者，《文选》《玉台新咏》以下数十家耳。诗文评之作，著于齐梁，观同一八病四声也。钟嵘以求誉不遂，巧致讥排；刘勰以知遇独深，继为推阐。词场恩怨，亘古如斯。冷斋曲附乎豫章，石林隐乎元佑，党人余衅，报及文章，又其已事矣。固宜别白存之，各核其实。至于倚声末技，分派诗歌，其间周、柳、苏、辛，亦递争轨辙，然其得其失，不足重轻，姑附存以备一格而已。大抵门户构争之见，莫甚于讲学，而论文次之。讲学者聚党分朋，往往祸延宗社。操斛之士，笔舌相攻，则未有乱及国事者。盖讲学者必辨是非，辨是非必及时政，其事与权势相连，故其患大。文人词翰所争者，名誉而已，与朝廷无预，故其患小也。然如艾南英以排斥王李之故，至以严嵩为察相，而以杀杨继盛为稍过当，岂其扪心清夜，果自谓然？亦朋党既分，势不两立，故决裂名教而不辞耳。至钱谦益《列朝诗集》，更颠倒贤奸，彝良泯绝，其贻害人心风俗者，又岂尠哉？今扫除畛域，一准至公，明以来诸派之中，各取其所长，而不回去护其所短，盖有世道之妨焉，不仅为文体计也。①

与《隋志》相似，《四库全书总目》亦有小序，如楚辞类小序云：

裒屈宋诸赋，定名楚辞，自刘向始也。后人或谓之骚，故刘勰品论楚辞，经辨骚标目。考史迁称屈原放逐，故著《离骚》，盖举其最著一篇。《九歌》以下，均袭骚名，则非事实矣。《隋志》集部，以楚辞别为一门，历代因之。盖汉魏以下，赋体既变，无全集皆作此体者。他集不与楚辞类，楚辞亦不与他集类，体例既异，理不得不分著也。杨穆有《九悼》一卷，至宋已佚。晁补之、朱子皆尝续编，然补之书亦不传，仅朱子书附刻集注后，今所传者，大抵注与音耳。注家由东汉至宋，递相补苴，无大异同，迨于近世，始多别解。割裂补缀，言人人殊，错简说经之术，蔓延及于词赋矣。今并刊除，杜窜乱古书之渐也。②

当然，绝大部分书目无大小序及提要，却不能不承认那也是目录学的一部分。《书目答问》就没有大小序及提要，其为用之大，却是人所共知。

① 纪昀，陆锡熊，孙士毅，等.钦定四库全书总目(整理本)[M].北京:中华书局,1997:1971.
② 纪昀，陆锡熊，孙士毅，等.钦定四库全书总目(整理本)[M].北京:中华书局,1997:1973.

第五节 古典目录的类型

一、公藏目录

官府藏书目录始于《七略》《别录》，魏晋南北朝时每代都有，唐代的公藏目录有元行冲等《群书四录》二百卷，已亡佚。宋代公藏目录，北宋有王尧臣等《崇文总目》六十六卷，现存残本，以清代钱侗等《崇文总目辑释》较通行。南宋有陈骙等《中兴馆阁书目》七十卷、张攀等《续中兴馆阁书目》三十卷，均亡佚。

明代公藏书目有杨士奇《文渊阁书目》二十卷，张萱等《内阁藏书目录》八卷；清代则有于敏中等《天禄琳琅书目》十卷，彭元瑞等《天禄琳琅书目后编》二十卷，缪荃孙《清学部图书馆善本书目》等。

民国时期，则有张允亮《故宫善本书目》三卷、江瀚《故宫普通书目》六卷、陶湘《故宫殿本书库现存目》三卷、柳诒徵等《江苏省立国学图书馆图书总目》四十四卷《补编》十二卷等。中华人民共和国成立后，有《北京图书馆善本书目》《北京图书馆古籍善本书目》《北京图书馆普通古籍总目》《北京大学图书馆善本书目》《中国人民大学图书馆善本书目》等。

二、私藏目录

私人藏书目录六朝时已有，史载任昉富藏书，殁后沈约奉命就任昉书目核对，凡朝廷所无，就昉家取之。但其目不传。传于今天的有宋代晁公武的《郡斋读书志》、尤袤的《遂初堂书目》、陈振孙的《直斋书录解题》。明代则有朱睦㮮的《万卷堂书目》、高儒的《百川书志》、晁瑮的《宝文堂书目》、陈第的《世善堂藏书目录》等；清代有钱谦益的《绛云楼书目》、毛扆的《汲古阁珍藏秘本书目》、钱曾的《也是园书目》《述古堂书目》、孙星衍的《孙氏祠堂书目》《平津馆鉴藏书籍记》《廉石居藏书记》、缪荃孙的《艺风堂藏书记》等。

民国时期则有叶德辉的《观古堂书目》《郋园读书志》、傅增湘的《双鉴楼善本书目》、刘承干的《嘉业堂藏书志》（缪荃孙、董康、吴昌绶撰）等。中华人民共和国成立后，有郑振铎的《西谛书目》（赵万里等编）、《西谛书跋》（吴晓铃辑）、周叔弢的《自庄严堪善本书目》(冀淑英撰)、黄裳的《前尘梦影新录》等。以上这些私藏目录以著录宋元善本、精校名抄者为多,其中大部分有题跋,蕴含着丰富的学术成果,有较高的学术价值。

三、史志目录

史志,主要指正史(纪传体史书)当中的《艺文志》(或叫《经籍志》),以《汉书·艺文志》最早。其后有《隋书·经籍志》《旧唐书·经籍志》《新唐书·艺文志》《宋史·艺文志》《明史·艺文志》《清史稿·艺文志》。其他正史则缺少艺文志。上面七种史志目录中的前五种,著录图书的范围是当朝的藏书,以记录一代藏书之盛为目的,通录古今,不分时代。这些书目有很大用处:第一,可以从中看到一代藏书的全貌。第二,可以从中查找某个人或某一学科有哪些著作。第三,可以考察古书亡佚的大体年代。《明史·艺文志》《清史稿·艺文志》与以前史志目录不同,其著录范围仅限于一朝。所以《明史·艺文志》可供查考明朝人著述情况,《清史稿·艺文志》可供查考清朝人著述情况。

有些正史没有艺文志,或有志而不全,后代学者曾为之补作,称为"补志"。其主要有:宋王应麟的《汉书艺文志考证》(补入二十七部)、清姚振宗的《汉书艺文志拾补》、清钱大昭的《补续汉书艺文志》、清姚振宗的《三国艺文志》、清缪荃孙的《辽艺文志》、清龚显曾的《金艺文志补录》、清钱大昕的《补元史艺文志》,另外,明代修国史,焦竑纂成《经籍志》,而国史未成,《国史经籍志》单独流传,也属史志目录。

除了正史艺文志外,宋郑樵的《通志·艺文略》、元马端临的《文献通考·经籍考》,清代的《续通志·艺文略》《续文献通考·经籍考》《清文献通考·经籍考》《清续文献通考·经籍考》也属于史志目录范围。

地方志中有《艺文志》或《经籍志》,有的是书目,有的是地方文献汇编。属于书目的如《山东通志·艺文志》《安徽通志艺文稿考》《湖北通志·艺文志》等,这些亦属于史志目录。地方志数量很大,现存的也有万种之多,其中艺文志记载一个地方的著述,既可以补充国史之不足,也可以作为研究地方文献的依据。

四、专科目录

1. 经学目录

较重要者为朱彝尊《经义考》三百卷。每书注存、佚、缺、未见。全录原书序跋,以及有关各书的评述文献,并附按语。

2. 小学目录

有清谢启昆的《小学考》、清胡云玉的《雅学考》、清黎经诰的《许学考》,体例大体仿《经义考》。

3. 史部目录

宋高似孙的《史略》、清章学诚的《史籍考》(已佚)、谢国桢的《晚明史籍考》《清开国史料考》、黄永年和贾宪保的《唐史史料学》、朱士嘉的《中国地方志综录》等。

4. 子部目录

宋高似孙的《子略》、陆达节的《历代兵书目录》、刘申宁的《中国兵书总目》、王毓瑚的《中国农学书录》、北京图书馆等的《中医图书联合目录》、余绍宋的《书画书录解题》等。

5. 集部目录

姜亮夫的《楚辞书目五种》、崔富章的《楚辞书目五种续编》、万曼的《唐集叙录》、张舜徽的《清人文集别录》、袁行云的《清人诗集叙录》、李灵年和杨忠主编的《清人文集总目》等。

五、特种目录

1. 举要目录

举要目录最著名的是张之洞的《书目答问》,目前通行本为范希曾的《书目答问补正》。

2. 丛书目录

最早的丛书目录当是清顾修的《汇刻书目》。目前常用的主要有上海图书馆编的《中国丛书综录》、阳海清编的《中国丛书广录》、上海图书馆编的《中国近代现代丛书目录》。

3. 知见目录

知见,即所知、所见,包括直接见到的和间接知道的。这类书目以清邵懿辰的《四库简明目录标注》、清莫友芝的《邵亭知见传本书目》最有名。

4. 经眼目录

与知见目录不同,经眼目录在于全是亲眼所见,更可靠。其主要有傅增湘的《藏园群书经眼录》、孙殿起的《贩书偶记》《贩书偶记续编》、雷梦水的《古书经眼录》、严宝善的

《贩书经眼录》等。

5.禁毁目录

禁毁目录主要有《清代禁毁书目》,清姚觐元编、邓实增补、商务印书馆补遗,共收禁书 3011 种;《清代禁书知见录》,孙殿起编,共收禁书 1400 余种。

6.版本图录

版本图录可视为版本目录的一种,"录"是与"图"配合的说明文字,相当于版本目录的"提要"。有的有图无录,亦归于此类。版本图录主要有:赵万里、冀淑英的《中国版刻图录》,杨守敬的《留真谱》、瞿启甲的《铁琴铜剑楼宋金元本书影》、故宫博物院图书馆的《故宫善本书影初编》、陶湘的《涉园所见宋版书影》、吴哲夫的《故宫博物院宋本图录》、黄永年的《清代版本图录》、黄裳的《清代版刻一隅》等。

7.辨伪目录

早期的辨伪目录有宋濂的《诸子辨》、胡应麟的《四部正讹》、姚际恒的《古今伪书考》。

8.其他

胡文楷的《历代妇女著作考》,辑录资料十分丰富,既有著者生平、内容介绍,又有版本考察,为书目之佳者。

余论:古典目录学的本质和展望

古典目录学的本质应包含"部次条别"的文献编辑检索与组织功能,辨章学术、考镜源流的学术梳理要求,"宣明大道"的价值诉求与文化导向等多层次内涵。清章学诚的《校雠通义·序》就指出:"校雠通义,盖自刘向父子部次条别,将以辨章学术、考镜源流,非深明于道术精微、群言得失之故者,不足与此。"[①]姚名达的《中国目录学史》在章学诚认知的基础上进一步指出:"目录学者,将群书部次甲乙,条别异同,推阐大义,疏通伦类,将以辨章学术,考镜源流,欲人即类求书,因书究学之专门学术也。"[②]

《七略》以"昔仲尼没而微言绝,七十子丧而大义乖"起篇,试图以整饬孔子的学术范式来恢复孔子及"七十子"的"微言""大义",从而强调文献的排序与知识取向应具有一种超越时空的天道秩序与人伦秩序。故而,章学诚认为:"由刘向之旨,以博求古今之载

---

① 章学诚.校雠通义·序[M].上海:中华书局,1936:1.

② 姚名达.中国目录学史[M].北京:商务印书馆,2017:10.

籍,则著录部次,辨章流别,将以折衷六艺,宣明大道。不徒为甲乙纪数之需,亦已明矣。"指明刘向《七略》等书目所奠定的基于政教意图而建构的"宣明大道"品格,使得目录学能够作为判别历代学术源流的重要切口,更是确立了目录学知识分类体系的终极导向,从而使得目录学能够有效进行"博求古今"的文化建构。

《汉书·艺文志》指出:"六艺之文:《乐》以和神,仁之表也;《诗》以正言,义之用也;《礼》以明体,明者着见,故无训也;《书》以广听,知之术也;《春秋》以断事,信之符也。五者,盖五常之道,相须而备,而《易》为之原。"这就强调以儒家"六艺"所形成的阴阳五行秩序作为支配天下学术的源头,以便确立目录学"与天地为始终"的典范价值,这也是进行文献排序的主导原则,从而促使目录学的文献建构原则与知识分类体系具有"宣明大道"的形而上的考量。古典目录学往往是历代学术思想与政统需求的典型体现,代表着彼时统治阶级以书目分类体系来建构文献秩序,进而建构相应的人伦秩序,最终确立符合彼时"政统"的"道统"。

古代目录学家汲取相应目录学知识体系的同时,必然要对古代目录学所反映的正统学术及其价值导向进行接受和遵守。王鸣盛《十七史商榷》所谓"目录之学,学中第一要紧事,必从此问途,方能得其门而入"即是典型。"从此问途"的遵守之举背后,往往促使目录学的知识结构及其知识评价体系的形成,成为目录学家学术生活与学术思想不可"切割"的一部分,最终促使目录学家产生知识信仰的倾向与接受心态。清人金榜说:"不通《汉艺文志》,不可以读天下书。《艺文志》者,学问之眉目,著述之门户也。"以"眉目"来强调目录学著述之于士人日常读书与问学的重要意义。近人张之洞《辀轩语》亦曾对学子语:"今为诸生指一良师,将《四库全书总目提要》读一过,即略知学问门径矣。"这是一种基于目录学规范来求学问道的举动,体现着目录学传统之于士人阶层日常治学的重要影响。

此类以目录学为基点的知识信仰的本质,是对目录学的分类体系、思想内涵及其社会价值、学术理念的一种依赖。当目录学家以古典目录学作为其知识信仰的核心时,往往会受到目录学所形成的独特"精神"的制约与塑造,从而成为其各种行为或思想活动的基础,最终在目录学家心中形成一种信仰心态。

这便是现代目录学研究无法比拟的内容之一,此外,研究内容、研究领域、研究方法等都有着很大不同。虽然如此,但两者的研究对象都是目录和目录工作,都是以信息和知识为研究内容,现在目录学的发展也是建立在古代目录学的基础上。对于未来的发展趋势，我们首先应当承担起文化功能，目录学兴盛的基础在于文化的繁荣，在全民阅读的环境下，目录学应当实时发挥指导阅读的功能。其次是研究方法的创新，在数字环境下，现代目录学容纳了多学科，科学化、数字化、网络化仍是未来目录学发展的方向。与此同时，古籍数字化迅速发展起来，在古籍数据库的建设中，如何充分发挥目录学的作用，利用目录学的方法，文献目录检索系统和知识系统研究将成为重点。

第三章

古典文献的版本

书籍文献因载体不同,有甲骨、金石、简牍、帛书、纸书、电子书的区别。我们这里所探讨的是古典文献的版本,仅涉及纸质书。事实上,版本学之名的确切概念应该是雕版印刷书籍之后。宋代雕版印刷的书籍蔚为大观,经、史、子、集、佛、道等均有不同的雕版印刷本,因而论及版本学,宋代尤袤《遂初堂书目》是前人关注的一部书。自《遂初堂书目》始,一书之下著录不同的版本。

第一节 版本及版本类型

版本,又名"板本"。《说文·片部》:"版,片也。牍,书版也。"[1]《论衡·知量》:"截竹以筒,破以为牒。加笔墨之迹,乃成文字。大者为经,小者为传记。断木为椠,析之为版,刀加刮削,乃成奏牍。"[2]可知用断木析成为片,再用刀刮削使之可以书写,就形成版,古代以竹简书写,木版可用于奏牍。版本一词,首见于《宋史·邢昺传》:"国初不及四千,今十余万,版本大备。"[3]可见此称于北宋初年已有。版本的出现,与雕版印刷的发明有关,逐渐与版本的原意相离,仅针对写本而言,专指雕版印刷的书本。随着时间推移,版本所指涉的对象范围不断扩大,包括手稿本、写本、活字本、批校本等。到了近代以后,随着排印技术的发展,版本概念不再局限于木版印刷本,还包括石印、铅印、电子版等各种书本。版本的语义范围不断扩大,由原来单纯的书本名称逐渐演变成学术界的专门术语——版本学,成为文献学的研究内容之一。

雕版印刷术始于何时,众说纷纭,其中以隋朝说、唐朝说和五代说三种说法为主。从雕版流行程度和留存的文献来看,雕版印刷术的产生时间多主唐朝说。雕版印刷术应溯源于石经,石经作为统一的标准读本,在当时具有很强的权威性,使得许多人去抄石经或用捶拓的方式揭取印本,这种揭取方式是雕版印刷术的雏形,其区别在于捶拓方式形成的是黑底白字的拓印品,雕版印刷形成的是白纸黑字的纸上印刷品。雕版印刷术是中国古代劳动人民的伟大创造,雕版刻本最初主要是满足广大人民群众需要,用于诗歌、日历、佛经、小学韵书等阅读物,较少雕刻科场应试的经史一类读物。大约在雕版发明约四

---

① 许慎.说文解字[M].北京:中华书局,1963:143.
② 王充.论衡[M].北京:中华书局,1936:551.
③ 脱脱等.宋史[M].北京:中华书局,1977:12798.

百年以后，才开始大量雕刻印刷九经和其他经史读本，从宋代开始，雕版印刷术开始进入全面发展的黄金时期，出现了各种不同类型的版本。

一、雕版前的写本

在雕版印刷术发明以前，纸质书籍以写本为主；在造纸术发明之前，古人书写以简牍和缣帛为主，这一类称为古写本。在汉代，书籍是竹简和帛书并用，《汉书·艺文志》："孔子纯采周《诗》，上取殷，下取鲁，凡三百五篇，遭秦而全者，以其讽诵，不独在竹帛故也。"这是竹帛兼用的确证。随着技术的发展，书写文字的载体越发经济便利。竹简繁重，不如缣帛轻便，纸的发明则更加节约成本，传播广泛。东汉蔡伦从原料和技术上改进造纸术，使得纸逐渐取代了缣帛。在印版尚未发明的汉唐时期，纸的逐渐普及使得书籍存在形式主要是手写本，因书的不易得，汉唐人多好"钞书"。汉唐的写本，因年代久远，数量稀少，故流传很少。现知唐写本有莫友芝藏《说文》残卷，蒋斧藏的《唐韵》残卷本等。自宋以来，随着印刷术的推广，写本才逐渐减少，虽然数量有所减少，但在明清之际仍然发挥巨大的作用。如大部头的《永乐大典》和《四库全书》就只有写本，没有刻本，可见写本仍然具有独特的价值。

19 世纪末，在敦煌莫高窟发现敦煌写本，其所涉年代，包括东晋后期至北宋初期，虽内容残缺不全，但具有重要的史料价值。对于敦煌写本的研究，现已经成为一门专门的学问，称为"敦煌学"。

二、版本的类型

版本的类别多种多样，从材料来说，有甲骨、金石、竹木、帛书、纸本、电子版等，较早的版本和新近出现的版本不过多介绍，这里主要讲纸本的版本类型：

1. 写本

写本又叫抄本。是最早出现的书籍形态之一，在雕版印刷术发明之后，写本数量有所减少，但仍发挥不可替代的作用。许多名人著作手稿，未经刊刻，尤为人视为珍宝。写本又可以分为：

（1）手稿本：作者亲笔所写，往往多涂画更改。

（2）清稿本：多为作者请人誊写，常为作者校正过，有少量作者改写痕迹，通常有作者印鉴。

（3）抄稿本：从稿本的基础上过录，可以通过抄者跋语来断定。

（4）影钞本：在底本的基础上影摹的本子。毛晋的影宋钞本和钱曾的影元钞本较为著名。

（5）抄本：指手写本，如毛晋汲古阁、钱曾述古堂、黄丕烈士礼居等名家抄本。往往书中有校，有记，有题记，有印记，多为罕见之物，尤为珍贵。根据纸格颜色，有红格抄本、蓝格抄本、黑格抄本。一般来说，明人多蓝格，清人多红格和黑格。

2. 刻本

刻本指雕版印刷术发明之后的雕刻本。刻本范围概念广泛，分类不同，称谓也就不同。按时代来分，有唐五代刻本、宋刻本、金刻本、元刻本、明刻本、清刻本等；从地域来分，南宋有四川地区的蜀本，浙江地区的浙本，福建地区的闽本（又叫建本），金、元时期山西临汾的平水本；从资助者来分，有官刻本、家刻本、坊刻本；从刊刻先后顺序来看，有初刻本、重刻本、覆刻本等；从墨色来看，有蓝印本、朱印本、墨印本，蓝印、朱印多为刷印校样，大概明人多蓝印，清人多朱印；从印刷早晚来看，有初印本、后印本、重修本、增修本、三朝本、递修本等；从开版大小来看，开版小的称之为巾箱本（或袖珍本）；从字体大小来看，有大字本、小字本；从行款来看，有十行本、八行本等。

3. 套印本

套印本是由两种或两种以上经过多版次印刷而成的版本。套印本中最著名的是明后期吴兴闵齐伋、凌濛初两家印本。

4. 活字本

雕版印刷属于整版印刷，一页一版。而活字印刷则不同，一字一模，用一块底盘，把活字一一排出，印完拆版，再排他版，经济方便。毕昇发明胶泥活字印刷术，是印刷事业的一大进步。按质地来看，活字印刷术可分为泥活字、铜活字、木活字、铅活字、锡活字等。较为著名的活字本有清代雍正年间用铜活字印的《古今图书集成》，乾隆年间用木活字印的《武英殿聚珍版书》。鉴定活字本的方法有以下几种：

（1）看版框四周有无缝隙，因活版版框是拼接起来的，一般有缝隙的为活字本。

（2）看字体有无歪斜，一般有歪斜的为活字本。

（3）看字体墨迹是否均匀，因活字版面一般不平。

（4）看字体上下之间笔画是否交叉，一般活字版面不会有交叉。

此外,要详细区分是何种质地的活字本,通常要靠排印序跋、牌记、识语进行辨别,如无明显标记,一般统称为活字本。

5.石印本

石印本是用石材制成版面印刷的版本。用墨描绘于石质版面上或于特制的药纸上写好原稿,再用药纸附于石面,强力压之,使原稿附着于石面上再揭取药纸。

6.批校本、题跋本

写本或印本,在经人批注、校勘或题跋之后,就成为批校本、题跋本。批校本如清何焯、吴骞、黄丕烈等人批校,都极为珍贵。题跋本如钱谦益、王士禛、朱彝尊等人题跋,都很名贵。

第二节　历代版本概述

一、宋代版本情形

北宋继承五代刻书事业,以长兴监本尤为流行。国子监续刻《史记》《两汉书》《文苑英华》等北宋监本,扩大了五代刻书事业,范围拓展到经书之外。该时期以官刻为主,坊刻为辅,因刻书开始盛行,技术不够精湛,且花费较大,私人刻书尚不具规模。在靖康之难后,北宋绝大多数书版为金人所掠,故北宋版本传世不多,目前所留存,多南宋刻本和翻本。

南宋时期,官刻本范围有所扩大,除监本之外,还有崇文院本、秘书监本、德寿殿本等。地方官刻本也逐渐兴盛,以两浙刊刻尤盛,如两浙东路茶盐司本、两浙西路茶盐司本、浙东庚司本等。此外,地方官刻本还有蜀刻本值得一提,蜀地自唐开始,一直有刻书传统,到了11世纪,刻书中心从成都转移到眉山,以井宪孟刻的七史,成为眉山刻本的代表。

南宋私刻之风盛极一时,亦称家塾本。有岳珂相台家塾、廖莹中世彩堂、蜀广都费氏进修堂等家塾本,其中以岳珂、廖莹中尤盛。岳珂乃岳飞之孙,官至户部侍郎,淮东总领制置使,著作丰富有《刊正九经三传沿革例》《金佗粹编》《桯史》等。钱泰吉《曝书杂记》载其刻书谨慎不苟,岳刻《五经》至今都是标准读本。廖莹中是宰相贾似道门客,替贾似道鉴定图书,自己也喜欢刻书,以所刻的《九经》最为著名。

南宋书坊刻书也很繁盛。临安陈氏和建安余氏,各刻书百余种。书坊刻书,志在射利。其中不乏质量上乘之书,因质量高,获利厚,所以对书内容加以注意,校勘精良,这一类书,不亚于公私刻本。当然亦不乏偷工减料,脱文错简之类,以建刻最多,尤以麻沙坊本为宋版书中的劣等之作。临安为南宋首都,亦是刻工集中之地,在这样的条件之下,陈起父子刊刻不少说部书、唐人诗集和《江湖集》。其所刻书目,内容和形式都较为讲究,是坊刻书中的精品。福建建阳造纸业非常发达,促进了印刷事业的发展。在这样的有利条件之下,余志安勤有堂,余仁仲万卷堂刻书发展壮大,余氏所刻各经精良,今有《礼记》《公羊》等覆刻本。

宋刻本的版式,每行有直线,源于唐写本的乌丝栏。南宋刻本在上下加一线,成为四周双边。以左右双边和四周双边,或可略定刻本时代先后,但不能以此为据。宋刻本行款一般有标准,或可以得出某刻本于何时何地的一般规律,以行字多少计数,以半叶为准,以每半叶若干行,每行若干字等等判断。有时刻工出于习惯或依照纸张大小确定行款标准,这也是为什么许多藏书家在著录宋刻本时,一定要详记行款的原因,这已经成为谈论版本的标准之一。宋刻本版口有各种专名。每叶正中折叠部分为版口。其上下端为象鼻,象鼻空白称之白口,中间有墨线的称之黑口。其中墨线细的称之小黑口或细黑口,粗的谓之大黑口。版口中间墨钉称之鱼尾,鱼尾在上称之上鱼尾,在下谓之下鱼尾。宋刻本对帝王名字避讳非常严格,不论死活都有避讳,与名字读音相近的字,也要避讳。避讳的一般方法是在这些讳字减去末一笔,称之"字不成"。宋刻本的字体一般要分时期,北宋刻本一般为欧阳询字体,南宋刻本便加入柳公权、颜真卿的字体。

二、辽金元版本情形

辽代以武力治国,故文化政策一切从简。《辽史》中载有干文阁,是政府集中藏书地方。辽代亦有书籍刊行的痕迹,但这些书籍都没有留存下来,原因在于辽代对书籍的流通,有极其严苛的禁令,故辽版书籍极少。金代山西平水,因地理位置优越,比较安定,故许多知识分子和刻工纷纷迁往此地避乱,促进了刻书事业的发展,到了十二世纪中叶,形成了不亚于宋朝浙、蜀、闽三省规模的繁荣局面。如当时的平水刻书,有陈氏的《铜人腧穴针灸图经》,李子文的《重刊增广分门类林杂说》,张谦的《新刊图解校正地理新书》等为代表。元代刻本继承宋代传统,其所刻官私本,可与宋版媲美,至今所谈版本,尤以宋、元并称。据《书林清话》统计,元代官刻本,有国子监本、兴文署本、各路儒学本等,其中国子监本今存《伤寒论》,兴文署本有《资治通鉴》。元代官刻本,尤以九路本《十七史》著名。元代刻书重点在各路儒学和书院,多为各地学校所刻。一般来说,这些书的书首或目录后面附有刻书年月和刻书牌记。据顾炎武《日知录》记载,书院刻书有三善,即校雠善、工艺善、印行善,可见元代官刻本的精善。当然,有些名为书院刻书实为私刻,如詹氏的建阳书院、陈仁子的古迂书院、方回的虚谷书院等,需加以辨别。

元代私家刻书盛况不亚于宋代。根据各书序跋和碑记,可考的私宅刻书有平水许宅、建安郑明德宅、陈忠甫宅、麻沙刘通判宅仰高堂等。元代书坊刻书盛况则更加超过宋代,其主要原因在于元代离宋代较近,传本多;刻书获利较厚,从业者也多。书坊刻书主要集中在两浙、蜀、闽、平水四地,如平阳张存惠堂、建安万卷堂、麻沙万卷堂、刘锦文日新堂等。书坊刻本重在牟利,所以并未刊刻大部头的经史。为了适应当时社会需求,刊刻较多的是医书、帖括、小说、戏曲一类,尤其是小说戏文刊印具有重要价值。如平话小说《唐三藏取经诗话》《永乐大典》《小孙屠》等戏文三种,便是当时社会发展的产物。元代东平人王桢发明的木活字印刷术,使得刊印技术大大提升,促进了元代印刷事业的发展。元刻本版式,一般多是四周双栏、黑口,一般不避帝讳,在书首或目录后,多附刻牌记等。

三、明代版本情形

明代官刻书籍,不及宋、元精善,但诸王藩府所刻,则多佳本。明时藩王就封,多闲居好学者,常礼聘通儒,翻刻古籍,校印了许多精美的善本。以宁藩朱权和晋藩朱钟铉较为突出。明代官刻本主要有南北监本,即南京国子监本(又称南雍本或南监本),北京国子监本(北监本);经厂本,司礼监的经厂由宦官主持,因经费充足,印刷装潢都十分讲究;书帕本,"昔时入觐之官,其馈遗书一帕而已,谓之书帕。"书帕本在明刻中为质量最差的一种。

明代私刻本,因时代相去不远,传本较为丰富,但相对宋、元来说,善本相对较少。大抵著名学者或藏书家所刻之书为佳,因其校勘谨严,底本可靠。因刻书之多而为人所知的常熟毛晋的汲古阁,所刻之书琳琅满目,前无古人,如较为著名的有《十七史》《十三经注疏》、唐宋元人别集等。毛氏父子所刻之书,并非全为精品,亦受到他人指责,如批评毛氏刻本校对草率,错误甚多,或指责毛本据己意校改,不照原本。毛本有得有失,不可据其部分缺点从而否定毛本的价值。

明代书坊刻书繁盛，常常与私人刻书含混，多用书院、书堂、书屋、斋、馆等名称，坊刻常冠以"书林""书户"等字。坊刻范围遍及全国，沿袭宋、元以来传统，尤以福建建阳为最。其中刻书较多者，有刘宗器的安正堂，刘洪的慎独斋等。坊刻中属善本的有吴郡顾春在嘉靖时刻的《南华真经》《荀子》《老子道德经》等。

活字印本一直到了明代才逐渐发展起来，尤其以华燧、华坚、华珵所印书籍最多最有名。其他活字精本有五云溪馆的《襄阳耆旧记》《玉台新咏》，芝城的《墨子》等。彩色套印术的兴起，也是明刻特色之一。明代天启、崇祯年间，凌濛初、闵齐伋两家刻书，几乎都是朱墨或五色套印本，如《韩非子》《吕氏春秋》《淮南子》等都是墨印朱批。

四、清代版本情形

清代官刻本不仅在数量上远远超过宋、元、明三代，而且印刷技术有了显著提升。清代统治者为了巩固对汉族的统治，采用文化政策来笼络知识分子，大量翻刻古书，编纂许多大部头书籍。官刻本有内府本，因清制，书籍碑刻隶属于内务府，故名之；殿本，刊刻于武英殿的书籍，简称为殿本，如《十三经注疏》《二十四史》等；书局刻本，外省官刻本不如宫廷刊刻之多，主要有五局合刻的《二十四史》、金陵书局刻《史记》至《周书》、淮南书局刻《隋书》等。

清代私家刻书，到了嘉庆、道光时期到达顶峰，尤以鲍廷博、黄丕烈、顾广圻、卢文弨四人为最。鲍廷博，性好藏书，在乾隆召集的遗书收集活动中，鲍廷博进呈了六百余种家藏书籍。在他刻的《知不足斋丛书》共三十集，一百九十八种，记载了许多珍贵的史料。黄丕烈，是吴中大藏书家，所藏书目皆宋代精本，为人所称道，曾将《战国策》《国语》等书请名家校订，辑有《士礼居丛书》。顾广圻，以校勘著名，因其出身寒门，曾以帮他人校刻古书维持生活。如曾为孙星衍刻《说文解字》《古文苑》等，帮黄丕烈刻《国语》《国策》等，其校刻之精，在诸本之上，曾自刻《尔雅》一书。卢文弨，亦是校勘专家，其所校之书，均有校记，精确无误，自著《抱经堂丛书》。自鲍、卢等四家提倡刻书以后，一时响应者云起，丛书成为一大特色。丛书始于宋俞鼎孙的《儒学警悟》，到了清代才逐渐兴盛，在众家之中，尤以钱熙祚的《守山阁丛书》和伍崇曜的《粤雅堂丛书》为佳。到光绪年间，张之洞等人的《书目问答》中附《劝刻书说》。这一提倡，影响很大，清末刻书者纷纷响应，如缪荃孙主持的贵池刘世珩的《聚学轩丛书》，盛宣怀的《常州先哲遗书》，乌程张钧衡的《适园丛书》等，在取材，校勘上都极为谨慎，可谓善本。

第三节 古籍版本的鉴定

一、关于善本的界定

善本的本意是"好的本子"。善本一词源于《汉书·景十三王传》,其中云:"从民得善书,必为好写与之,留其真。"这里的"善书"便是后来所谓的"善本"。河间献王刘德从民间得到一本善书之后,抄一份副本给原主,自己留存原本,这可以说是"善本"的源头了。直到宋代,学者们明确指出"善本"的价值,如叶梦得在《石林燕语》中说:"唐以前,凡书籍皆写本,未有模印之法,人以藏书为贵,书不多有,而藏者精于雠对,故往往皆有善本。"其所谈的善本包括了精校的内容。到了清代,学者们对善本赋予了新的要求。清末学者张之洞在《輶轩语·语学》中云:"善本之意有三,一、足本,无阙卷,未删削。二、精本,精校精注。三、旧本,旧刻旧抄。"张氏对善本有了具体而明确的要求。

到了现代,我们会发现图书馆藏有两类书籍,一种是普通书籍,可以随便翻阅外借,另一种是特藏书籍,不能随意阅览,这种书籍称为"善本",可见这里的"善本"是具有较高文物价值的古籍版本。对于善本的定义层出不穷,古人多指精校本,即错误少的本子,到了近代,要求时代越早越好,如宋元本的价值大于明清本的价值。以上是以学术价值和文物价值两个标准来衡量善本,前面提到的张氏对于善本的三个方面的定义,就包括了学术价值和文物价值,这是两个层次上的善本定义,不宜混为一谈。具有学术价值的善本可概括为精校精注,不缺不讹八个字,这一定义突破了时代早晚的限制,且常表现为后出转精。如《二十四史》较为常见的本子就有七大版本系统,主要有明代南京国子监的《二十一史》、万历间的北京国子监《二十一史》、崇祯年间毛氏汲古阁的《十七史》、清代乾隆年间武英殿的《二十四史》、同治光绪年间五省书局合刻的《二十四史》、民国商务印书馆印张元济辑的《百衲本二十四史》、建国后中华书局印的《二十四史》,这七个版本均在前本的基础上,更加精进。清代乾嘉时期,考据之风盛行,乾嘉学者们所做的工夫最精最专,武英殿本经过学者的校勘,附有《考证》,该本要胜于明本,在相当长的一段时间内都称之为善本;百衲本在前本的基础上改正了许多明显的错误,附有《校勘记》,就学术价值而言要优于武英殿本;中华书局点校本在吸收前面几个版本的校勘成果基础上,发现了前人未发现的脱误,并加以标点和分段,附有《校勘记》,编有纪传索引、地名索引、人物索引等,其成就要远远大于前面几个版本。目前要阅读或研究《二十四史》,就应首先选择这个本子。有的善本讹误少,时代早,同时兼有学术价值和文物价值,如宋代国子监刻本、周必大家刻本等,真可谓是善本中的善本了。

二、版本鉴定方法

版本鉴定主要是为了确定本子所刻的时间、地点、刻录人、是否稀见、是否完整等方面。一般年代较近的版本都有明确的出版人及出版年代,不需要鉴定,这里讲的版本鉴定主要是针对年代久远的古籍而言。在大部分情况下,版本鉴定只需要细心找证据,根据客观条件确定即可,只有极少数情况,需要专家进行鉴定。只要多实践,积累足够的经验,再加上善于查找证据和求证,就能够成为版本鉴定的内行。版本鉴定的方法步骤如下:

1. 确定版本撰写年代

首先要明白这是本什么书,以及何人何时撰写。如果是《永乐大典》,就无须再考虑它是否是宋刻本、元刻本还是清刻本了,从理论上,确定版本年代的上限。有些版本从版式、序跋等外在方面无法断定,则需要根据内容加以确定。如可以从内容里面提到的时间、事件等方面,不断缩小范围,最终确定版本的具体撰写年代。

2. 细读前后序跋

许多古书都有序跋,在先秦两汉时期,作者序一般放在书的末尾,如《史记·太史公自序》《说文解字叙》等,都在末尾。后来,序放前后都没有讲究了,一般把序放于书前,如余嘉锡的《四库提要辩证》,蒋礼鸿的《商君书锥指》等,都将序放于书前。将书前后的序跋都看完之后,对于这本书的撰写时间,刊刻时间或许会有一个大概的了解。序言中成书最晚的某篇或某几篇,可能与这个本子的刊刻时间息息相关。但是也要注意,后代可能重刻此版本,序跋照旧,无新加序跋,或有新序跋而将旧序跋删去。所以看序跋只能使我们有个初步印象,需要结合其他因素,看是否与序跋产生矛盾,若无矛盾,就可据序跋确定版本的刊刻年代和地点等内容。

3. 验牌记

牌记是刻书的专门标识,从宋刻本就有。其形式有两种,一种是用长方形等形状围起来,一种是不围,在卷尾或目录尾等空白处,刻上一两行字,用来说明刻书时间、地点或刻书人等信息,大约相当于如今的版权页。例如《昌黎先生集》一书,国家图书馆藏南宋咸淳廖莹中世彩堂刻本,每卷末标有"世彩廖氏／刻梓家塾"的双行篆文牌记。宋刻本中的浙江刻本,一般没有牌子,而是以刻书序跋、列衔等形式呈现。四川刻本一般没有牌记。宋福建刻本一般都有牌记,多属于坊刻。元代福建刻本多牌记,明、清刻本均常有刻书牌记。值得注意的是,明代以后,刻书年月及堂号常常记于卷前书名页,也有横刻年月于封面页上方的。牌记或类似牌记的刻书标识,是判定版本的重要依据,但有后加的或假冒的,需要加以区分。

4.考避讳

古代避讳是一种特殊的文化现象,一般主要是避帝王讳,即帝王的名字不能直接书写。如果刻本中出现了帝王避讳,这就为确定版刻的下限提供了一定的依据。从朝代来看,宋代刻书一般都避讳,尤以浙江刻本最严格,福建、四川刻本则相对宽松。如《滂喜斋藏书记》中著录云:"宋讳徵、敬字缺笔,可知为宋椠也。"徵字是避宋仁宗赵祯讳,敬是避宋太祖赵匡胤祖父赵敬的讳,可知是为宋刻本。元代刻本不避讳,一般只有覆刻宋版沿用旧版避讳。明代基本不避讳,只有最后的泰昌(朱常洛)、天启(朱由校)、崇祯(朱由检)这三位皇帝避讳。清代避讳严格,从康熙开始均需要避讳。避讳的方式多种多样,一般常见的是缺笔,或是改字,改字则多用同音字代替。如北师大藏叶秉敬《明谥考》中曆字作歷,弘字作宏,琰字不避讳,可知避讳至乾隆年间,该本应为乾隆年间抄本。

5.考刻工

刻工是刻字工匠的名字,记载刻工最初可能是为了支付工钱,或为了表示负责。在宋刻本中,浙江系统多有刻工名字,元、明、清一直沿用。不是所有书籍都有刻工名字,记载刻工的刻本只占一部分。宋版书中,浙江刻本中刻工多,四川刻本、福建刻本相对较少。刻工一般记载在版心下方,有的记载全名,有的只记姓或名,有的冠以籍贯,有时刻工还用行书或俗体字,同音或偏旁代替。刻工名也有记在卷尾等地方,多见于明清刻本。一位刻工一生要刻许多书,其所刻的有些书可以确定年代,从这些刻本的年代大致可以知道刻工的年代,同样亦可以利用刻工年代来断定刻本年代。但利用刻工断代的方式有时比较复杂,不同刻工,可能出现重名的现象,需结合其他证据进行分析。

6.查校阅人时代

校阅人即校对、校勘刻本之人。宋代刻本之中,在卷末或序末往往有校勘人员名单,大多是一些有名望的州学教授,这些校勘人员大致可以帮我们确定刻本年代和地点。到了明清时期,刻书人往往会在每卷第一页附上校者或评阅人的名字,这些校者或评阅人有时还会写序文,将列衔与序文加以结合,有时可以更容易判定刻本年代。如铁琴铜剑楼藏宋刻本《旧唐书》残卷六十九卷,考其十五卷卷末有"左奉议郎充绍兴府府学教授朱倬校正",且有九卷题有"右文林郎充两浙东路提举茶盐司干办公事霍文昭校勘",考《宋史·朱倬传》,知朱倬出教授越州,越州即绍兴,可知该本应为南宋初年绍兴两浙东路茶盐司刻本。

7. 看字体

字体也是鉴定版本的重要依据。通过字体鉴定版本,对于一般人来说有一定难度,这需要一定的书法和艺术造诣。一般来说,在宋代刻本中,浙江刻本属于欧体字,四川刻本属于颜体,福建刻本也偏向于刀法更锋削的颜体。元代四川刻本中心被毁,在山西平阳形成刻书中心,浙刻本承袭宋浙本风格,还受到赵孟頫风格影响;建本沿袭南宋字体,以颜体为主,但要更瘦和圆劲一些;平水本有欧体,加入颜体特点,比较挺拔。明代刻本字体要分时期,早期主要是赵体字,中期则是仿宋浙本作欧体字,但要更加呆板和笔画硬一些,晚期逐渐形成长方形的横细竖粗的宋体字。宋体字不产生于宋代,而是形成于明中叶以后,这是明代仿宋浙本的结果。清代流行的是仿宋体,但在康雍乾时期又流行一种软体字,字小,笔意婉转,笔法圆熟,像写出来的一样。

8. 看版式

宋浙本版式多白口,单鱼尾,左右双边,版心记刻工和字数,很少有牌记。宋蜀本版式与浙本相似,但记字数与刻工不如浙本多。宋建本前期与浙本相似,中后期多黑口,四周双边,双黑鱼尾,书名在上鱼尾下,多简称,且往往在书名上加"监本音注"或"监本重言重意互注",这常见于福建坊刻本。元浙本沿用宋浙本,但开始出现细黑口,刻工也少于宋浙本。元建本几乎全是黑口,且越晚越粗,双黑鱼尾或花鱼尾。元平水本多白口,双黑鱼尾,四周双边。明本早期多袭元建本,到了中期仿宋浙本,多白口,单鱼尾,左右双边。明晚期版本多白口,左右双边,单鱼尾,书名位于鱼尾上方,且用全称,卷端书名后多列撰人,校人,评阅人等官衔姓名。清本多沿用明晚期版式风格。

9. 看纸张

宋代浙本多用白麻纸、黄麻纸。蜀本常用白麻纸,其"帘纹"宽约两指。建本多用竹纸,常发黄。元代浙本沿用白麻纸,黄麻纸,其"帘纹"逐渐变窄,大约一指宽。平水本沿用浙本。建本仍用竹纸。明代一般用竹纸,好的印本用白麻纸,盛行一种"白棉纸"。清代武英殿多用开化纸,白而匀洁,但久而多黄斑。还有一种连史纸,白而匀细。清代书籍大部分还是用竹纸。

10. 看装潢

宋版多蝴蝶装;元版大多为包背装,也有蝴蝶装;明版早期为包背装,后期为线装;清代到民国刻本一般为线装;佛经常用经折装。

11. 查藏印

藏印有时候可以确定版本年代的下限,或判断批校者等,需要加以留意。

12. 类比法

类比法也是判断版本的重要因素,有时版本无法判断,则需要这种特别的方法。如知甲书年代已定,乙书字体、版式风格与之相似,则可判定为同时所刻。这种类比法看似玄妙,利用得好不好,全凭判断者经验是否丰富。

13. 查著录

当对于某版书籍无从判定时,可先查一下这个本子是否与某本相似,有些书籍是否著录过,可以帮助我们排除许多可能性,这就是版本学与目录学的联系。

14. 求旁证

从版式、字体、牌记、纸张、藏印等方式鉴定版本都属于内证,有时内证无法完全确定版本,则需要通过旁证加以考虑。当然旁证所求,实属不易,需要对古代文献具有足够功力,才能使得内证、旁证相互结合,从而得出正确结论。

15. 对书影

书影显示书的版式和内容。同一部书的不同版本应该相互对比,如果不能对比原书则应该对比书影,对比出来经常会发现,不同版本其实是同版的不同印本。

以上列举了十五种鉴定版本的方法,有些版本如果不能仅靠一种方法就可以判断,则需配合多种方法使用,综合分析,才能得出更加正确的结果。李致忠在《古书版本学概论》中罗列了十四种版本鉴定之法,包括依据原书序跋、书牌木记、后人题跋识语、原书刻工、书中讳字、地理沿革、机构职官变迁、衔名尊称谥号、书名冠词称谓、卷端上下题、卷数变迁、藏书印记、著录、原书内容鉴定版本①。

---

① 李致忠. 古书版本学概论[M]. 北京:北京图书馆出版社,200:132-205。

三、古籍的造伪与鉴别

古籍造伪,有内容造伪者,如假托古人,阐释某种观点或理论;借名他人,寄寓思想或情感;直署他人之名,发泄私愤或攻击异己。有版本造伪者,商贾或文人,为谋取私利,常进行版本造伪。明代胡应麟对古籍造伪进行了系统研究,提出 21 种造伪现象,"有伪作于前代而世率知之者;有伪作于近代而世反惑之者;有掇古人之事而伪者;有挟古人之文而伪者;有传古人之名而伪者;有蹈古书之名而伪者;有惮于自名而伪者;有耻于自名而伪者;有袭取于人而伪者;有假重于人而伪者;有恶其人,伪以祸之者;有恶其人,伪以诬之者;有本非伪,人托之而伪者;有书本伪,人补之而益伪者;有伪而非伪者;有非伪而曰伪者;有非伪而实伪者;有当时知其伪而后世弗传者;有当时记其伪而后世弗悟者;有本无撰人,后人因近似而伪托者;有本有撰人,后人因亡逸而伪题者"①。梁启超在《古书真伪及其年代》中提出作伪动机有两种:"有意作伪的:一、托古;二、邀赏;三、争胜;四、炫名;五、诬善;六、掠美。非有意作伪的:一是全书误题或妄题者;二是部分误编或附入者;三是献书时妄增篇幅;四是后人续作;五是编辑无识贪多。"②张三夕《中国古典文献学》在前人的基础上总结了伪书产生的六大原因:一是尚古观念而产生的伪书;二是文献亡佚而产生的伪书;三是政治相争而产生的伪书;四是学术相争而产生的伪书;五是伪署作者而产生的伪书;六是好事妄为而产生的伪书。③ 现略举几例,简述如下:

1. 以残充全

古籍的残全与各种因素有关,一是时间发展,导致部分版本成为孤本或残本。二是古人书籍即写即编即刊,常常涉及多个不全的本子。明清时代,以残充全的古籍较多,特别是古籍卷数较多,常会出现这种情况。如李东阳等撰有《历代通鉴纂要》一书,此书共九十二卷,但商贾将一个二十八卷的残本进行挖改,并署名秦夔著。挖补篡改是以次充好,以残充全的常用手段。在鉴别古籍时,除了观察挖补造伪的痕迹外,还要注意原书的内容,通过内容进行判断此书是否是全本。

---

① 胡应麟. 少室山房笔丛[M].北京:中华书局,1958:第383-384。

② 梁启超. 古书真伪及其年代[M].上海:中华书局,1936:18-30。

③ 张三夕. 中国古典文献学[M].2 版.武汉:华中师范大学出版社,2007:173-176.

2. 书名、作者造假

书名、作者造假的原因也很多,有的是为了躲避官方查禁,有的则是为了谋取私利。隋文帝下诏征书时,刘炫曾上交朝廷《连山易》《鲁史记》等书,获得朝廷重赏,后事发被罢官。又有明代徐弘祖《徐霞客游记》一书,曾被改名为《游名山记》,这种是为了以冷僻之名博取眼球,进而获取利益。明代人在书名造假上尤为突出,"如唐刘肃《大唐新语》,冯梦祯刻本改为《唐世说新语》;宋叶梦得《岩下放言》,商维浚刻《稗海》丛书改为郑景望《蒙斋笔谈》;郎奎金刻《释名》,改作《逸雅》,以合《五雅》之目。全属臆造,不知其意何居"①。书名、作者造假现象较为常见,此时辨伪之法应查检官私目录、地方志等,再根据书中内容判断此书真伪。

3. 增删牌记、刻书年款

古籍刻书牌记有辨别身份之功,古籍中有的有牌记,有的无牌记,而有牌记者价值往往较高,特别是年代较远的古籍。书贾常常增加牌记,或撤去牌记以久远时代牌记替换,这种情形较多,非目验古籍不能真灼。古籍年款是考定成书年代及版本刊刻年代的关键因素,有极高的价值。后世伪改刻印年款,也多是为了提升版本价值,以此牟利。李致忠就曾经亲眼见过国家图书馆所藏《孔子家语》《诗人玉屑》《孙可之文集》《黄氏补千家集注杜工部诗史》等书,因牌记、刻书年款等问题,使人难辨真假②。

4. 伪造钤印、染纸造蛀

藏书印记对于判断版本年代及价值具有重要作用。古籍上的钤印往往具有递藏、流传关系,部分书籍若经名家收藏,钤有名家藏书印,书价也会倍增。如毛晋、范钦、钱谦益、杨绍和、钱遵王、徐乾学、黄丕烈、张金吾、鲍廷博、杨守敬、叶德辉、傅增湘、张元济等名家,皆为藏书大家,亦是学问大家,凡经他们收藏的古籍,一是版本可靠,二是价值不菲。后人为获取利益,多伪造名人印鉴,钤于书中以惑耳目,也是为了获取利益。

历代刻书,纸张多有不同,根据纸的质地,往往可大致判断版刻年代。如唐五代及以前多用麻纸,次之为皮纸。进入宋代,南方刻书多用皮纸,北方多用麻纸,南宋后期竹纸刻书开始盛行。元代刻书多用竹纸,次之皮纸。明代造纸业发达,刻书用纸包括白绵纸、黄绵纸、竹纸,原料其实还是竹纸和皮纸。清代纸品样式繁多,不外乎竹纸、皮纸两类。

① 叶德辉.书林清话[M].上海:上海古籍出版社,2008:137.
② 李致忠.古书版本学概论[M].北京:北京图书馆出版社,2003:210.

书贾为了能够将古籍卖出高价,往往会把纸张做旧,以假乱真。明代高濂对染纸造假有过精细的描述,缪荃孙曾予以援引:"今日作假宋版书者,神妙莫测。将新刻模宋版书,特抄微黄厚实竹纸,或用川中茧纸,或用糊扇方帘绵纸,或用孩儿白鹿纸,筒卷用槌细敲过,名之曰刮,以墨浸去臭味印成。或将新刻版中残缺一二要处,或湿霉三五张,破碎重补。或改刻开卷一二序文年号,或贴过今人注刻名氏,留空,小印,将宋人姓氏扣填。两头角处,或妆茅损,用砂石磨去一角,或作一二缺痕,以灯火燎去纸毛,仍用草烟薰黄,俨状古人伤残旧迹。或置蛀米柜中,令虫蚀作透漏蛀孔。或以铁线烧红锥书本子,委曲成眼。一二转折,种种与新不同,用纸装衬,绫锦套壳,入手重实,光腻可观。"①古籍造伪由此可见一斑。古籍真伪的判断,特别是钤印和染纸,需要几种手段同时并用方可鉴别真伪。

第四节　纸书的装帧形式

纸书的装订形式不断产生变化,为的是方便阅读和收藏,也有追求形制美的原因。装帧形式包括卷轴装、旋风装、梵夹装、经折装、蝴蝶装、包背装、线装等,这些装订形式在古籍版本学中有重要的地位。现将装帧形式介绍如下:

一、卷轴装

从装帧形式上看,卷轴装主要从卷、轴、褾、带四个部分进行装饰。把抄了书的纸粘连起来,形成长卷,在其尾端装上一根用木或竹做成的轴,收藏时用轴由尾端向前卷成一束,称为一卷。因此,卷轴装的纸本又称卷子。轴有用金、玉、象牙、琉璃而为者,将轴从左至右卷成一束。卷轴一般高一尺,纸长有数尺至二三丈不等。为避免损坏,右端粘上一块纸或丝织品,称为褾,褾后系以丝带,以便捆扎。若干卷集在一起,用书衣包上,称为帙。后世书籍沿称卷数,即源于此。轴上挂一牌子,上写书名、卷数等,称为签,以利识别。隋唐书籍大多用卷轴装。时公私藏书,均用不同颜色之轴、带、褾、签,以区别四部分类。

从六朝至唐五代时期,纸书皆用卷轴装订。到了北宋,仍有古籍用卷轴装订。直到

①　缪荃孙.藕香零拾本藏书纪要[M].北京:中华书局,1999:22.

今天,中国字画装裱仍保留了这种装帧形式。

二、旋风装

所谓旋风装,就是将裁成一定大小的纸两面书写,或将两页纸裱成一页两面书写,然后将写好的书页的一端依次粘贴在一张卷纸上,装上卷轴,就成为一本旋风装的书籍。与卷轴装不同的是,旋风装的卷轴不是装在该卷的末尾,而是装在该卷的开头。因旋风装的书打开后似一片片独立地黏在卷纸上的叶子,故又称"叶子"。

旋风装将书叶鳞次相错地粘裱于卷底上,看似龙鳞,故又称"龙鳞装"。这种装式虽外表上似卷轴装,但因书页两面书写,只有一空条粘裱在卷底上,这样不仅缩短了卷子的长度,而且增大了卷子的容量,且便于翻检,确有优于卷轴装的地方。然而,旋风装毕竟仍然保留着卷轴装的形式,因而也就不能完全克服卷轴装的舒卷之难,且旋风装的散叶在卷曲后可能很难平复展开,反而增加了阅读的困难,所以这种形式后来并没有被普遍采用。

三、梵夹装

李致忠云:"梵夹装,本指古印度用梵文将经文书写在贝多树叶上的装帧,而后依次将贝叶经顺好,每叶穿一圆孔,用两块长条形竹板或木板上下相夹,然后用绳穿过板上圆孔,再逐叶穿过每叶圆孔,最后穿过另一板圆孔。绳头打起比圆孔大的疙瘩,以防脱出,阅读时从首逐叶翻阅,穿绳总要擦摩叶孔,故叶孔常有磨痕。收藏时,勒紧一头,再绕过上下两板捆紧。这种装帧由于是两板相夹,又是梵文书写,故中国人把它称为梵夹装。"①

梵夹装的优点是每叶独立存在,便于翻检,其缺点也很明显。因板夹的都是散叶,如果未经绳穿,或穿绳磨断以及叶洞破损,便很容易出现书叶丢失。因此,虽然梵夹装对中国古代书籍装帧有很大启发,但也没有成为中国古代书籍的主要装帧形式。

四、经折装

所谓经折装,就是把卷轴式改成折叠式,书纸仍然是由多张纸粘连起来的长幅,但不

---

① 李致忠. 英伦阅书记(下)[J]. 文献,1987(4):189.

用卷轴,而是按照一定的宽度一正一反折叠成一个长方形的折页,前后用两块与折页一样大小的硬板把折页夹起来,类似于梵夹装。只不过梵夹装硬板里面夹的是散叶,经折装的硬板里面夹的是连成长幅的折页。由此可见,经折装是吸收了卷轴装、旋风装、梵夹装的经验而创造的一种新的书籍装帧形式。

经折装比较便于诵读,因而成为中国佛、道二教经典的主要装帧形式,经折装之名也因此而来。南宋以及元、明、清所刻印的《大藏经》基本上都采用经折装。

五、蝴蝶装

蝴蝶装,清叶德辉云:"蝴蝶装者,不用线订,但以糊粘书背,夹以坚硬护面。以板心向内,单口向外,揭之若蝴蝶翼然。"①杜泽逊在其《文献学概要》中说:"所谓蝴蝶装,是以版心中线为准,版面向里对折,然后再一叶一叶重叠在一起,在折线处对齐,用浆糊粘在一起,另外三边切齐,再用硬纸连背裹住作封面。看上去很像现在的精装书。不同的是没有锁线,每页纸只有一面有字。打开书,可以看到一整页,以版心为中轴,两边各半页,颇似展翅蝴蝶,故称蝴蝶装。"②马衡对蝴蝶装有更具体的说明,其云:"宋时初改册叶,多为胡蝶装。书版之左上角,往往于阑外刻书之篇题一小行,为便于翻检而设。今之装法,既以版心向外,而刻书者犹于此处刻字,殊可笑也。胡蝶装所以有版心者,一以志书版之名目卷第,使印刷或装订不致紊乱,一以留粘贴之余地,使读者不致碍目。故书名之在二三字以上者,往往摘取其一二字以著之,绝无意义可言也。其庋置之法,乃以书背向上,书口向下,排比植立,不似线装之垒置者。何以知之,以北平图书馆藏原装宋本《欧阳文忠公集》《册府元龟》等书,其书根上皆写书名卷第,自书背至书口,一行直下,而书口余幅之边际,皆曾受摩擦也。其分卷之法,不必以一卷为一册。有一册之中容数卷者,则以异色之纸或帛,粘贴于每卷首叶之书口,以为识别,如西文字典之标 A、B 等字母之法,为其便于检寻也。北平图书馆藏《文苑英华》为宋景定元年(1260 年)装背,其每卷首叶即有黄帛标识,可以为证。"③

蝴蝶装在唐末五代时期即已出现,宋、元时期,蝴蝶装成为书籍的主要装帧形式,流

---

① 叶德辉.书林清话[M].上海:上海古籍出版社,2008:12.

② 杜泽逊.文献学概要[M].北京:中华书局,2001:33.

③ 马衡.凡将斋金石丛稿[M].北京:中华书局,1977:273-274.

传后世的宋、元旧本也多是蝴蝶装。到了明、清,蝴蝶装也仍在采用。

六、包背装

包背装是对蝴蝶装的改进,蝴蝶装虽有许多优点。但由于"版心向内,单口向外",而当时印刷书叶均只印一面,另一面无字,翻书时,有时翻到有字的一面,有时翻到无字的一面,阅读起来颇觉不便。把印好的书叶在版心中线处背面对折,让版心向外,单口向内,然后将单口粘连到裹背纸上,外面再加上护叶和封面,这样就产生了包背装。

包背装的出现也应该很早,明代最为盛行。包背装版心向外,书口一般都刻有书名、卷次、刻工等,插架时直立容易磨损书口,故改蝴蝶装时的直立架为平放。

七、线装

叶德辉云:"蝴蝶装如襟帖,糊多生霉而引虫伤。包背如蓝皮书,纸岂能如皮之坚韧?此不必邯郸学步也……若新仿之,既费匠工,又不如线装之经久,至无谓也。"①由于蝴蝶装、包背装各有其无法克服的缺陷,线装终于取代蝴蝶装和包背装成为中国古代书籍装帧的主要形式。所谓线装,其实是对包背装的一种改进。其基本方法和包背装一样,所不同的是,包背装用整纸裹背,而线装只在前后各加一张护页,连同正文用线装订在一起,不包书背。具体说来,线装工序包括折页、分书、齐线、添副页、草订、加书面、截书、打磨、包角、钉眼、穿线、贴签等。大约明中叶以后,线装才成为图书装帧的主流形式。

---

① 叶德辉. 藏书十约[M].上海:古典文献出版社,1957:46 页。

第四章

古典文献的校勘

校勘，又称校雠。校雠一词，汉刘向所造。李善《文选·魏都赋注》引应劭《风俗通义》："按刘向《别录》：'雠校者，一人读书，校其上下，得其谬误，为校；一人持本，一人读书，若怨家相对，为雠。'"①古籍校勘需要备集重本，从刘向开始至清人，校勘成为古籍整理的关键环节。凡是精本、善本，莫不进行过精细校勘。

第一节　校勘及校勘者

一、校勘的含义

古书在流传过程中，必定会出现很多错误，特别是在活字印刷没有盛行以前，故校勘工作就显得尤为重要。校书古称为"校雠"，今称为"校勘"或"校对"。"校雠"一词始见于刘向《管子序》："所校雠中《管子》书三百八十九篇。""校勘"一词可能最早在南北朝时期，见于沈约《上言宜校勘谱籍》："宜选史传学士谙究流品者为左民郎、左民尚书，专供校勘。"在《说文解字》中"校"被解释为："木囚也。"一片木枷由两片木头组成，且两片木头的大小要大体一致，以便上锁，因此事先要将它们放在一起比较。这样，"校"字作动词时便有了比勘核对的意思。《说文解字》："勘，校也。"勘亦作刊，古书用竹简，故勘亦作刊。《玉篇》："刊，削也，定也，除也。"意义与勘相同，勘或刊有削除覆定的意思，这与中国早期图书利用竹木作为载体有关，竹木方便出现错误后削除改正。可见，"校"与"勘"二字形意义相近，均指复核审定。

应劭《风俗通义》云："刘向为孝成皇帝典校书籍二十余年，皆先书竹，为易刊定。"把竹简上的错误，用刀来削除改正，然后才成定本。后世习于刊削之义，因之校刊不同于校勘，校刊之刊指刻书言，校勘之勘指定书言。

我国的校勘起源甚早，在周秦时代已有事例。《吕氏春秋·慎行论·察传》中记载关于子夏的故事，这可视为校勘学的萌芽。真正有目的地、成规模地进行校书，从汉代开始。西汉的刘向、刘歆父子便在校书方面取得了卓越的成就，成为校勘专家。《太平御览》卷六百十八："雠校者，一人持本，一人读析，若怨家相对，故曰雠也。"②由此可知，当

① 李善. 文选·魏都赋注[M]. 北京：中华书局，1977：106.
② 李昉，等. 太平御览·学部[M]. 北京：中华书局，1960：2776.

时的校书工作,是由两个人合作完成的,一个人拿书,另一个人读,遇到有异文的地方就标示出来。因此就有了"校雠"或"雠校"之名,校雠的原始意义就是校勘。简言之,校勘就是改正书面材料中由于种种原因而形成的字句篇章上的错误,使之恢复或者接近原来的面目。

二、校勘者应该具备的条件

从表面上看,校勘是一项机械的工作,但是要做到十分精确,却需要各个方面的知识储备。

(一)相关专业知识

校勘主要是纠正书面语言的错误,所以突出成就者,大抵得力于语言学知识的丰富精深。王引之云:"吾治经,于大道不敢承,独好小学。夫三代之语言,与今之语言,如燕越之相语也。吾治小学,吾为之舌人焉。其大归曰:用小学说经,用小学校经而已矣。"可见具有丰富的语言学知识是从事校勘工作的基本功。故校书者首先要读懂古书,精通古代语言文字,包括文字、音韵、训诂、文法。其次要具备古代文化知识,诸如天文、历法、地理沿革、职官制度、风俗习惯(如避讳)等。第三要懂得古书的行文习惯,一般古书是繁体竖写,自右至左,大字单行写正文,小字双行写注文,遇到当朝帝王相关的语句要抬头(提行)等等。

关于前两条比较好容易理解,第三条有一例:《四库全书总目》提要:"是编乃永乐四年缅甸宣慰使那罗塔劫杀孟养宣慰使刁查及思栾发而据其地。"《南夷书》传本很少,中国国家图书馆有明抄本,即当年四库馆臣所见之本,检书中所记,"刁查"作"刀木旦",书末附有四库馆臣程晋芳所拟提要原稿,亦作"刀木旦",知"刁查"为"刀木旦"之误。"木旦"为什么会误为"查"?那是因为古书竖写,"木"字在"旦"字之上,写得紧了,就会成为一个"查"字。明白古书竖写的习惯就容易理解这种错误了。至于刀误为刁,则是形近所导致的。故我们除了要精通古代的语言文字、文化知识之外,还应该熟悉古人的行文习惯等。

(二)选好底本

底本,是指校勘一部古籍时所采用的工作本。这部工作本也是所要整理古籍的版本之一,但并不是随意找来一种版本就可以用作校勘底本,而是需要认真、精审地选择过后方能确定。前人有云："读书不知要领，劳而无功；知某书宜读而不得精校精注本，事倍功半。"（清张之洞《书目答问·略例》）校勘工作更是如此。我们今天整理任何一种古籍，都应当综合各种版本之长，超迈前人，使整理之后的古籍，成为信实可靠的定本，把祖国优秀的文化遗产，传之后世。因此，选择底本是校勘古籍的第一步。如果底本选择不当，或者是舍多而求少，或者是舍优而求劣，就会使校勘过的古籍，出现内容不全，或是无谓的校勘记过多的现象，事倍而功半，达不到整理古籍的目的。傅增湘也在《校史随笔序》中着重讨论了校书必广求异本，尤其要搜集古刻善本。清乾嘉学派考据学代表人物，王鸣盛、钱大昕、赵翼虽然有能力广征博引，证明史书讹误不同之处，但终不敢改正史文，原因就在于他们没有见到古刻善本作为直接证据。

那么，什么样的版本可以用作校勘的底本呢？也许有人会一下子想到用善本，然而，事实上并不是所有的善本都可以用作底本。因为我们今天一般是以文献价值和文物价值，来衡量一部古籍是否为善本。这样，就要考虑到这部书的刊刻（或传抄）年代是否久远，版刻（或传抄）是否精美，是否系名家所刻、所校、所抄、所藏等条件。而校勘底本的选择标准则与善本的这些取舍标准不尽相同。校勘底本的选择标准，基本有这样三点：第一，版本刊刻时间较早；第二，版本一般应当是足本，内容较同一部古籍的其他版本为多；第三，精校精刻本。对于一个底本来说，这三条标准如果同时具备当然好，但事实上一般很难找到这样一个三条皆备的版本作底本。因为现存刊刻年代较早的版本，尽管在保存书籍内容的原始面貌方面，比后出的版本可能会好一些，但由于社会历史条件、版本流传等因素，未必就比晚出的版本好。例如有的南宋麻沙本，就不如一些清代的精校精刻本好。另外，刊刻年代较早的版本，在长期流传过程中，往往出现了不同程度的残缺，这就更不宜用作校勘底本了。而许多内容较全的精校精刻本，往往刊刻年代较晚，特别是一些经过后代著名学者（例如清代的黄丕烈、顾广圻等）校勘、补正的版则更为宝贵，应当是我们选择底本的首要对象。古籍版本的流传过程比较复杂，很难准确地、概括地定出几个固定的框框，来确定校勘底本。上述的三个标准，只是我们在选择校勘底本时大致需要综合考虑的三个因素。

有以上基本标准之后，下一步就需要具体选择底本。同一部古籍，倘若只有两三种版本，则较易确定它的校勘底本，如果版本较多，那么选择底本也非易事，实际上需要动用选择者的版本学、目录学等几方面的综合知识。首先，我们要尽可能全面地调查这部古籍的现存版本。这方面我们需要依靠一些专门著录版本的目录工具书。主要有以下几种：

（1）《中国丛书综录》。如果是曾被收入某种丛书的古籍，可以从这部书中查到基本版本线索。

（2）《增订四库简明目录标注》。如果是曾收入四库全书的古籍，则可以从这部书中查到一些版本，特别是往往能从增订部分查到一些未曾列入丛书的单行刻本，可以补充《中国丛书综录》只收列入丛书的版本而不收单行本之不足。

（3）《贩书偶记》及其《续编》。如果是四库全书未收，或产生于清乾隆以后的古籍，有时可以从这两部书中查到一些版本线索。

了解了一部古籍版本的基本情况后，还要查检另一类目录工具书，即全国各主要图书馆的古籍目录。当然，《中国丛书综录》也附有各种版本的藏地，但几十年来，藏书情况往往有些变化。主要的馆藏古籍书目有：《北京图书馆善本书目》《北京大学善本书目》《北京大学图书馆藏李氏书目》等。当然，书目调查之际，《中国古籍善本书目》则是我们选择校勘底本时的首选工具书。根据上述目录工具书弄清楚我们所要查的各种版本今藏何处之后，就要按图索骥，进行版本的具体翻阅、比较鉴别的工作。在这一过程中，除了注意版本的时代先后、卷帙分合、内容多寡、版刻优劣之外，还应留意每一种版本的行款、版式、牌记、题识、印文这样一些细微的问题，以便搞清版本源流。

如果做了上述的工作，还不足以弄清版本源流的话，则还要借助于古代的各种官私目录和各种题跋。通过各种资料工具书提供的线索，根据已知情况，来考证出一部古籍的初刻、补订、传抄、校勘、递修、收藏等过程。有了这样的第一手资料，就可以大致确定一部古籍的校勘底本了。

（三）精通目录学知识

目录学知识是从事校勘者必须要具备的条件，目录可以为我们搜集校勘资料提供线索。如我们要了解某部古书有哪些异本，则可以利用邵懿辰、邵章编的《增订四库简明目录标注》，中国古籍善本书目编辑委员会编的《中国古籍善本书目》，上海图书馆编的《中国丛书综录》，中国版本图书馆编的《全国总书目》《全国新书目》等。如何将他书中的引文和有关资料找出来，这也需要目录学知识。如现存重要的古类书与古注书已有不少今人编的引用书目录，例如马念祖编的《水经注等八种古籍引用书目汇编》便已将《水经注》《三国志注》《世说新语注》《文选注》《艺文类聚》《一切经音义》《太平御览》《太平广记》中所引用的书编成目录，我们就可以从此书提供的线索有目的地去进行检索。

想要寻找古书中的引文和有关资料，也可通过查询目录实现。因为我国古代目录基本上是按学术分类编排的，有关的图书当然会被编排在相同的或相关的类目中。此外，我们还可以借用各种索引来找到不同书中的相关资料。例如我们要校勘《新唐书》中某个人物传记，就应当查询傅璇琮等编的《唐五代人物传记资料综合索引》（中华书局一九八二年版），这样不仅能找到《旧唐书》中同一人物的传记，而且还能从《全唐文》等书中找到更为原始的资料。此外，书目资料也可作为校勘的依据。如杨守敬云："今世所传《论语注疏》，以十行本为最古，然脱误亦不少。如《序解》疏中'少府朱畸'，十行本以下并作'朱畸'。据《汉书·艺文志》《释文叙录》皆称宋畸，此本与《汉志》《释文》合，若无此本，则宋、朱二字，竟不能定为谁误。"宋畸的历史别无可考，《汉书·艺文志》所载算是最原始的资料。

（四）精研所校之书

凡校之书，应对该书反复阅读研究，熟悉内容和行文规律，以便前后互证。

例如清乾隆武英殿刻本《后汉书·郭太传》载郭太（名泰，字林宗。因范晔父名泰，所以避讳作郭太，传中只称郭林宗）"性明知人"，"其奖拔士人，皆如所鉴"。在"皆如所鉴"下有唐章怀太子李贤注（双行小字）："《谢承书》曰：泰之所名，人品乃定，先言后验，众皆服之。故适陈留则友符伟明，游太学则师仇季智，之陈国则亲魏德公，入汝南则交黄叔度。"紧接这段双行小注下，又有大字正文一段：初，太始至南州，过袁奉高，不宿而去。从叔度，累日不去。或以问太，太曰："奉高之器，譬之（泛）［沉］滥，虽清而易挹。叔度之器，汪汪若千顷之波，澄之不清，挠之不浊，不可量也。"已而果然。太以是名闻天下。钱大昕初读至此，认为"词句不伦"，提出四条疑点："蔚宗避其父名，篇中前后皆称林宗，即他传亦然，此独书其名，一疑也。且其事已载《黄宪传》，不当重出，二疑也。叔度书字而不书姓，三疑也。前云'于是名震京师'，此又云'以是名闻天下'，词义重沓，四疑也。"（《廿二史考异》）后来钱大昕见到明嘉靖汪文盛刻本，证实了自己的看法。他说："后得闽中旧本，乃知此七十四字本章怀注引《谢承书》之文。叔度不书姓者，蒙上'入汝南则交黄叔度'而言也。今本皆搀入正文，惟闽本犹不失其旧。闽本系明嘉靖己酉岁按察使周采等校刊，其源出于宋刻，较之他本为善。"当然，钱大昕所说亦有不准确之处，闽本系嘉靖汪文盛刻嘉靖二十八年己酉福建按察使周采等重修本，非周采刻。

这条注文混为正文的错误，除明嘉靖汪文盛本之外，宋绍兴两浙东路茶盐司本亦不误，而元大德九年宁国路儒学刻本、明北京国子监刻本、汲古阁刻本、清武英殿刻本均误为正文(参张元济《后汉书校勘记》)假使钱大昕对《后汉书》不精熟,这样的错误便极难发现。即使他有机会见到宋本、闽本,用来校元本、北监本、汲古阁本、武英殿本,发现这里有不同,仍需要对《后汉书》十分熟悉,才能判定是非。

第二节　文献错讹的类型

1.讹

讹又称"误文",就是文献原有文字书写错误。

晋代葛洪说:"书字,人知之,犹尚写之多误,故谚曰:'书三写,鱼成鲁,虚成虎。'此之谓也。"(葛洪《抱朴子内篇》卷十九《遐览》)因此,古人将文字错讹的现象称为"鲁鱼亥豕"。造成讹文有以下几种原因:抄刻无意而误,臆改而致误。

字形致误。由于汉字形体几经演变,产生了篆、隶、章草、行、楷以及印刷字体,又由于便于抄写而产生大量俗字、简字以及重文省略、缺字空围等符号,造成各种字形致误的类型。例如,段玉裁《戴东原先生年谱》:"先生言:《水经注》'水流松果之山'。钟伯敬本'山'讹作'上',遂连圈之,以为妙景,其可笑如此。'松果之山'见《山海经》。"这里戴震说的钟伯敬本《水经注》应指明崇祯二年刻《水经注》四十卷。这个本子前有崇祯二年己巳谭元春《刻水经注批点叙》,载亡友钟伯敬及蜀人朱无易评点,武林严忍公等刊刻行世。又有《水经注笺评姓氏》,列"南州朱谋玮郁仪、蜀郡朱之臣无易、景陵钟惺伯敬、谭元春友夏"四人,可知这个三人评点本是以明代朱谋玮《水经注笺》为底本进行评点的。他们的评点注重文学成就,所以钟惺看见"水出松果之上"的话,认为很有意境,就在每个字旁加上了圈。根据王国维校,"上"字,《永乐大典》本、明抄本均作"山",松果山是山名,戴震指出见于《山海经》。如果作"水出松果之山",就是一句平平常常的话,用不着连圈之了,可见,钟惺不知道"松果"是山名,更看不出"上"字是"山"字之误,把"松果"理解成"松树之果",水从松果上流下来,确是很美的描景语言。这个例子确实说明钟惺因为一个错字而误解《水经注》,但我们还应当明白,这个错字不始于钟惺,在朱谋埠《水经注笺》中已有,钟惺不过是以讹传讹。同时,段玉裁转述的"水流松果之上","流"字应是"出"字之误,也不够准确。"出"表示发源。我们应该在读书时弄清本源,不可照抄二手材料,否则会以讹传讹,错上加错。

语音致误。语音致误的原因是汉字形音义的矛盾,即同音而异形异义,其表现就是因字形的不同而造成误字。如《荀子·儒效》:"若夫謫德而定次。"王念孙认为,"謫"为"谲"之讹误。因"谲""决"古音通,则意同,为"决其德之大小而定位次"。

语义致误。例如《逸周书·谥法解》:"仁义所在曰王。"《读书杂志》一之三:"念孙案:'往'字是也。后人不解'仁义所往'之语,故改'往'为'在'。予谓《广雅》:'归,往也',……仁义所往,犹言天下归仁耳。古者王、往同声而互训。"再如《淮南子·谬称训》:"宁戚击牛角而歌,恒公举以大政。"《读书杂志》:"'举以大政'本作'举以为大田',此后人以意改 之……'大田,官也。'"《晏子春秋·问篇》曰:"恒公闻宁戚歌,举以为大田。"此皆其明证也。

2.脱

脱为脱文,也叫阙文。即遗漏文字。

古书在长期写、刻的过程中,有时无意识地掉了一个字,由于一个字的不同,就会直接影响到内容的真相。现举例历史书籍中有关汉初古文尚书初出屋壁的一段记载,说明古书中误夺一字的影响。《汉书·艺文志·六艺略》云:"《古文尚书》者,出孔子壁中。武帝末,鲁共王坏孔子宅,欲以广其宫。而得《古文尚书》及《礼记》《论语》《孝经》,凡数十篇,皆古字也。共王往入其宅,闻鼓琴瑟钟磬之音,于是惧,乃止不坏。孔安国者,孔子后也。悉得其书,以考二十九篇,得多十六篇,安国献之。遭巫蛊事,未列于学官。"这一段介绍性文字,班固可能是采用刘歆《七略·辑略》中的原文。《七略》虽早已亡佚,但我们从另一段资料,足以证明这一问题。《汉书·刘歆传》,登载了刘歆责让太常博士的一封信,信中谈到《古文尚书》最初发现的情形,"及鲁共王坏孔子宅,欲以为宫,而得古文于坏壁之中,《逸礼》有三十九篇,《书》十六篇。天汉之后,孔安国献之,遭巫蛊仓卒之难,未及施行"。刘歆这封信,后来被梁代萧统录入《文选》,标题为《移书让太常博士》,是一篇极有史料价值的学术论文。在这里,虽然只援引了几句,但内容是和《汉书·艺文志》一致的。

我们今天研究《古文尚书》初出屋壁的情形,似乎这两段文字,是比较原始的记载。但是从文字上仔细推敲,不难发现这里面存在着十分令人怀疑的问题。孔安国是孔子之后,所以《史记·孔子世家》的末尾,也载附:"安国为今皇帝博士,至临淮太守,蚤卒。"这自然是司马迁的记载,所以称汉武帝为"今皇帝",然而,在司马迁写《史记》时,已称孔安国早死,又何由及见巫蛊之难? 这是值得研究的疑案。清初学者阎若璩在所著《尚书古文疏证》卷二中,首先谈到:"予尝疑安国献书,遭巫蛊之难,计其年必高,与司马所云蚤卒者不合。信《史记》蚤卒，则《汉书》之献书，必非安国；信《汉书》献书，则《史记》之安国，必非蚤卒。然马迁亲从安国游者也，记其生卒，必不误者也。窃疑天汉后，安国死已久，或其家子孙献之，非必其身，而苦无明证。越数载，读荀悦《汉纪·成帝纪》云：'鲁恭王坏孔子宅，得《古文尚书》，多十六篇，武帝时，孔安国家献之，会巫蛊事，未列于学官。'于安国下，增一'家'字，足补《汉书》之漏。"其次，朱彝尊《曝书亭集·尚书古文辨》也说："《史记·孔子世家》称：'安国为今皇帝博士，至临淮太守，早卒。'自序有云：'予述黄帝以来，至太初而讫。'又云：'卒述陶唐以来，至于麟止。'是安国之卒，本在太初以前，若巫蛊事发，乃征和二年，距安国之没，当已久矣。《汉纪》：'孝成帝三年，刘向典校经传，考集异同。'于《古文尚书》云：'武帝时，孔安国家献之。'则知安国已没，而其家献之。《汉书》《文选》，锓本流传，偶脱去'家'字尔。"朱彝尊和阎若璩，生同时而所见相同，又同根据荀悦《汉纪》，订正今本《汉书》久已脱去一个"家"字，必须补上而后可通。后来王鸣盛的《尚书后案》，沈钦韩的《汉书疏证》，都沿用此说加以发挥。足以说明古代历史书籍，在传写过程中偶然脱掉一个字，会引起十分严重的后果。

3. 衍

衍文就是多余的字，也称羡文，由后人传写、传刻中不小心混入或者重复而造成的，也有无知者擅自补入而造成的。

有的衍文对于原文影响不大，有的则为害较大。如《太平御览·治道部》："孙卿子曰：君，舟也。庶，水也。水能行舟，亦能覆舟。"又曰："君者，义也……源清则流清，源浊则流浊。"鬼谷子曰："事圣君，有听从，无谏争。事中君，有谏诤，无谄谀。事暴君，有补削，无矫拂。"清嘉庆十年秦恩复石研斋刻《鬼谷子》是最有名的善本，因为书中无《御览》所引《鬼谷子》这段话，于是附于书后，作为佚文。清末孙诒让指出："此《荀子》语，《御览》误。"（见孙诒让手批《鬼谷子》）按：此语见《荀子·臣道》。根据《太平御览》的体例，"鬼谷子曰"应作"又曰"，这样与上面"孙卿子曰"连为一体，不会有这个误会。"鬼谷子"三字当是编辑或刊刻时误入的，属于衍文。如果我们用这段话研究鬼谷子的思想，就会得出不切实际的结论。这样的衍文不易发现，我们对待那些传世典籍的"佚文"或者已佚典籍的辑本，应格外谨慎。

4. 倒

倒即文字颠倒。在其中又有字倒、句倒、篇章倒等不同的情况，甚至目录、表格也有错乱现象。

最简单的就是上下两字被调换了位置。如《淮南子·人间》篇云："家富良马。"王念孙指出："'良马'本作'马良'，与'家富'相对为文。《汉书》《后汉书注》《艺文类聚》《太平御览》引此并作'家富马良'。"王叔岷补正道："王校是也，《记纂渊海》九八、《事文类聚后集》三八、《天中记》五五引，亦并作'家富马良'，今本'马良'二字误倒。"有的倒文则彼此相隔一两个字或好几个字。如《庄子·秋水》篇云："于是逡巡而却，告之海曰：夫千里之远，不足以举其大；千仞之高，不足以极其深。"王叔岷认为"海"字当在"曰夫"二字之下。他指出："《艺文类聚》八、《御览》六十、九三二、《事类赋》六《地部》一、《天中记》九，引'海'字并在'曰夫'二字之下，今本误错在'曰夫'二字上，不词。"

文句间，特别是并列的文句间常发生相互颠倒的现象。如《老子》第十四章有"迎之不见其首，随之不见其后"两句。周祖谟指出："汉代帛书《老子》乙本作'随而不见其后，迎而不见其首'。唐广明元年焦山《道德经幢》作'随之不见其后，迎之不见其首'，与帛书合。今本误倒。"整段文字被挪动了位置的现象也不乏其例，如今本《管子·七法·为兵之数》云："举之如飞鸟，动之如雷电，发之如风雨，莫当其前，莫害其后，独出独入，莫敢禁圉。"同篇《选阵》复云："有风雨之行，故能不远道里矣；有飞鸟之举，故能不险山河矣；有雷电之战，故能独行而无敌矣。"而在1972年于山东临沂银雀山一号汉墓出土的《管子》残简中，上面的这两段话却是连在一起的，作："动如雷神（电）、起如蜚（飞）鸟，往如风雨，莫当其前，莫害其后，独出独入，莫能禁止。有风雨之疾，则不难远道；有蜚（飞）鸟之起，则□□山河；有雷神（电）之威，则能独制而无适（敌）。"周祖谟认为："这些文句的层次很顺，今本因简册错乱而传录有误。"

5. 错乱

一段文字乱了次序，多种错误混合。

清惠栋《松崖笔记》卷二《仁》："《春秋元命苞》曰：仁者情志，好生爱人，故其为人以人，立字二为仁。仁人，言不专于己，念施与也。"这段话虽勉强可以断开句子，但文义不通。中华书局影印宋刻《太平御览》卷三百六十《人事部》载有此段文字："《春秋元命苞》曰：'仁者情志，好生爱人。故其为仁以人，其立字二人为仁。'注：'二人，言不专于己，念施与也。'"我们可以发现《御览》文义畅达，应是惠栋《松崖笔记》的来源。但惠栋的时代看不到宋版《御览》，所据者非善本，至有错乱多处，文字不可句读。细绎其误有四：（1）讹文："其为仁"讹作"其为人"，"仁人"误作"二人"。（2）脱文："立字二为仁"脱"人"字。（3）倒文："其人"当作"人其"。（4）注文误入正文。这样一段仅有三十二字的文字，发生如此多错乱,怎么还能读得懂呢?

古书中的错误,会对读者正确理解文义产生很大影响,同时,先民的文化遗产亦得不到准确记录,这显然是令人不能无动于衷的事。所以古书必须校勘。

第三节　文献的校勘方法

一、对校法

陈垣《校勘学释例》说到,对校法即以同书之祖本或别本对读,遇到不同之处,则注于其旁。刘向《别录》所谓"一本持本,一人读书,若怨家相对者",即此法也。此方法最简单,最稳当,纯属机械法。主旨在校异同,不校是非,故其短处在不负责任,虽祖本或别本有讹误,也照样录下。长处在于不参自己的意见,可以得到祖本或别本的本来面目。

对校时,不一定要两人对校,一个人也可以对校。把两个本子摊在桌子上,一个作为底本,遇到两本异处,就把异文统统记在工作底本上,让人看到你的校本,就像看到另一个本子一样。这种功夫叫作"死校"。《四部丛刊》中有毛扆校宋本《鲍氏集》十卷,其底本为明正德五年朱应登刻本,毛扆用宋本朱笔校,凡遇文字不同,直接用朱笔改过,行款用朱笔勾出,属于典型的校宋本,《四部丛刊》影印时,仍用朱墨两色。假如异本不多,可以逐一校对。假如异本较多,则不可能逐一对校,那就先要弄清版本系统。考究版本系统仍要先将各种印本进行重新鉴定,依时代排出先后顺序。然后细细审阅题跋,许多题跋对于刻书底本都有交代,例如清同治间五局合刻本《二十四史》,大都依据毛氏汲古阁刻《十七史》重刻,就没有太大校勘价值。其中《史记》经张文虎等辑校,则又有较高的校勘价值,与局刻本他史有所不同。在总结版本系统时,除研究序跋,校对异同外,还应尽量参考前人成果。前人成果一般表现在目录题跋中,重要的书目题跋如清于敏中等《天禄琳琅书目》及彭元瑞等《后编》、傅增湘《藏园群书经眼录》等,对我们了解古书版刻源流优劣都有重要帮助。

二、本校法

本校法,以本书前后互证。而抉摘其异同,则知其中之谬误。要求掌握本书文法文例,韵文掌握韵例。熟读全文。目录与正文可以互校,注文与正文可以互校等。

举一个简单的例子:《海宁王静安先生遗书·观堂集林》卷五《史籀篇证序》,据《观堂集林目录》,此篇当作《史籀篇疏证序》,脱"疏"字,可据目录校补。又《遗书》中收有《史籀篇疏证》一卷,亦是本证。下面再举一个复杂的例子。《庄子·刻意》:"故曰圣人休焉,休则平易矣。"俞樾《诸子平议》:"按'休焉'二字传写误倒,此本作'故曰圣人休休焉,则平易矣'。《天道篇》'故帝王圣人休焉,休则虚',与此文法相似,可据订正。"

三、他校法

陈垣《校勘学释例》:"他校法者,以他书校本书。凡其书有采自前人者,可以前人之书校之。有为后人所引用者,可以后人之书校之。其史料有为同时之书所并载者,可以同时之书校之。此等校法,范围较广,用力较劳,而有时非此不能证明其讹误。"许多情况下,古籍校勘仅仅依靠本校并不能完全解决问题,往往需要采用他校。比较简单的他校,是校勘古籍的引书,这只要把现存的古籍所引之书找来认真加以核对即可。这种他校,实际上属于一种延伸了的本校。另一类他校则有一定的难度,即古籍所校内容,并不涉及引书问题。要想对这类古籍进行他校,就需要调动校勘者的目录学等方面的知识,找来与该古籍所校内容相关或相近的文献资料,来校勘古籍记载的正误。他校既然是在古籍无版本可校,或者本校不能充分说明问题和解决问题的情况下运用,那么,就有一个前提条件,即对于取为校勘之资的他校文献,在史实真伪等方面,必须是准确无误的。否则,即便是作了他校,其校勘的结论仍是值得怀疑的。这里,就涉及一个他校的取材问题,即选择什么文献作为他校的根据。

对于校勘史书来说,也许有人会想到采用官修正史来作为他校之资,以为正史会比私家著述准确程度要高。实际上,在传统社会里,无论是官修文献,还是私家著述,都有一个隐恶溢美的问题,过分取信于哪一类文献都可能会使人误入歧途。这样说,也许会让人无所适从,但实际上还是有规律可循的。一般说来,记载同一内容的文献,越接近于原始面貌,或年代越早,其准确程度就越高,因为它较少,甚至还没有遭受删削之厄和发生辗转传抄、翻刻讹误的情况。这类文献较为可靠。换句话说,作为他校之资,最好是尽可能寻觅与依据第一手资料,只有这样,才能保证他校的质量。

近人刘文典《淮南鸿烈集解》是较权威的《淮南子》校注本,前面有胡适序云:"叔雅治此书,最精严有法,吾知之审,请略言之。唐宋类书征引《淮南王书》最多,而向来校注诸家搜集多未备。陶方琦用力最勤矣,而遗漏尚多。叔雅初从事此书,遍取《书钞》《治要》《御览》及《文选注》诸书,凡引及《淮南》原文或许、高旧注者,一字一句,皆采辑无遗。辑成之后,则熟读之,皆使成诵。然后取原书,一一注其所自出。然后比较其文字之同异。其无异文者,则舍之。其文异者,或订其得失,或存而不论。其可推知为许慎注者,则明言之,其疑不能明者,亦存之以俟考。计《御览》一书,已逾千条。《文选注》中亦五六百条。其功力之坚苦如此,宜其成就独多也。"刘文典的方法即属于他校法,找的是他书引本书的材料。他校法要求广泛掌握同类文献资料,包括引文和同一史料互见他书,因此此法很见功力。

四、理校法

陈垣在《校勘学释例》中总结这种方法为理校法。陈垣说道:"最高妙者此法,最危险者亦此法。"段玉裁曰:"校书之难,非照本改字不讹不漏之难,定其是非之难。"所谓理校法也。遇无古本可据,或数本互异,而无所适从之时,则须用此法。杜泽逊在《文献学概要》中,总结这种方法为"综合考证法"。因为在实际的校勘过程,不会只用使用单一的方法,往往是多种方法并用,而且要根据自己的文字音韵训诂以及历史文化知识来判断是非,故叫综合考证法。

例如《荀子·君道》:"人主欲得善射射远中微者,悬贵爵重赏以招致之……欲得善驭速致远者,一日而千里,悬贵爵重赏以招致之。"王念孙《读书杂志》:"'欲得善驭速致远者',元刻世德堂本'速'上有'及'字,卢(文弨)从宋本云'俗间本有及字'。按:有'及'字者是也。'及速'与'致远'对文。行速则难及,道远则难致,故唯善取者乃能及速致远,非谓其致远之速也,则不得以'速致远'连读。'善驭及速致远'与'善射射远中微'对文,若无'及'字,则与上文不对,一证也。《王霸篇》云'欲得善射射远中微,则莫若羿、蠭门矣;欲得善驭及速致远,则莫若王良、造父矣',与此文同一例,二证也。《淮南·主术篇》云:'夫载重则马羸,虽造父不能以致远。车轻而马良,虽中工可使追速。''追速致远'即'及速致远',三证也。《群书治要》有及字,四证也。"周祖谟说:"读此文可悟校书之法。"(《语言文史论集论·校勘古书的方法》)这里有对校、他校、本校、旁证、文法等各种手段,可谓精绝。

五、综合校勘

在校勘实践中,对校、本校、他校、理校等方法都是综合加以使用的。校勘之时,为了纠正一处错误,不得不同时运用多种方法,方能取得可信的证据,得出正确的结论。清代顾千里强调对校,但同时也用本校、他校、理校之法。余嘉锡曾评价顾千里云:"读书极博,凡经史、小学、天算、舆地、九流、百家、诗文、词曲之学,无所不通。于古今制度沿革,名物变迁,以及著述体例、文章利病,莫不心知其意。故能穷其旨要,观其汇通。"[①]又称其:"每校一书,先衡之以本书之词例,次徵之于他书所引用,复决之以考据之是非。一事也,数书同见,此书误,参之他书,而得其不误者焉。文字、音韵、训诂,则求之于经。典章、官制、地理,则考之于史。于是近刻本之误、宋元刊本之误,以及从来传写本之误,罔不轩豁呈露,了然于心目,跃然于纸上。然后胪举义证,杀青缮写,定则定矣。"[②]

第四节 古籍校勘的程序及其他

一、校勘的程序与注记

对于各种校勘方法我们已经有了一定了解,下面谈谈改正书面材料、撰写校勘记的具体做法。

汉应劭《风俗通》云:"刘向校书籍,皆先书竹,为易刊定。可缮写者以上素。"[③]这说明刘向等在校书时有一定的程序和模式:先将文字写在竹简上,如果发现错误就削去,以便改正。改定后,再写在帛上。当纸书盛行以后,人们曾尝试用各种方法来消除错误,一般以雌黄涂抹。沈括介绍宋代馆阁校书时说:"馆阁新书净本有误书处,以雌黄涂之。"[④]当然,如果是善本,则不轻易在书上涂抹,而是将改正字句写在白纸条上,薄浆浮签贴本行之上。

① 余嘉锡.余嘉锡文史论集[M].长沙:岳麓书院,1997:537.
② 余嘉锡.余嘉锡文史论集[M].长沙:岳麓书院,1997:538.
③ 李昉,等.太平御览[M].北京:中华书局,1960:2725.
④ 沈括.梦溪笔谈·故事[M].上海:上海书店出版社,1984:16.

为了和原文有所区别，人们就以注意利用不同颜色的笔墨来做校勘工作，在校勘作注记时，使用染色笔和校改符号也有一些条例可循，如宋陈骙介绍南宋馆阁校书之条例云："诸字有误者，以雌黄涂讫，别书。或多字，以雌黄圈之；少者，于字侧添入；或字侧不容注者，即用朱圈，仍于本行上下空纸上标写。倒置，于两字间书'乙'字。诸点语断处，以侧为正。其有人名、地名、物名等，合细分者，即于中间细点。"南宋方崧卿的《韩集举正叙录》有《校例》四则，对校勘的注记也作了明确规定。从汉代开始，学者们就已经对校勘使用的术语逐步达成共识，从而形成规范，为后学从事校勘时有所遵循。段玉裁云："郑君之学，不主于墨守，而主于兼综；不主于兼综，而主于独断。其于经字之当定者，必相其文义之离合，审其音韵之远近，以定众说之是非，而以己说为之补正。凡拟其音者，例曰读如、读若。音同而义略可知也。凡易其字者，例如读为、读曰，谓易之以音相近之字而义乃了然也。凡审知为声相近、若形相似二者之误，则曰当为，谓非六书假借而转写批谬者也。汉人作注，皆不离此三者，惟郑君独探其本原。"

此外，学者们还常用或为、或作、本作、本或作、本亦作、本又作、一本作、某本作等术语来注记文字异同。如《礼记·曲礼》云："宦学师事，非礼不亲。"郑玄注："'学'或为'御'。"今人张舜徽将注记形式约略归纳为十条：一、凡文字有不同者，可注云："某，一本作某。"（或具体写明版本名称。）二、凡脱一字者，可注云："某本某下有某字。"三、凡脱二字以上者，可注云："某本某下有某某几字。"四、凡文字明知已误者，可注云："某当作某。"五、凡文字不能即定其误者，可注云："某疑当作某。"六、凡衍一字者，可注云："某本无某字。"七、凡衍两字以上者，可注云："某本某字下无某某几字。"八、字倒而可通者，可注云："某本某某二字互乙。"九、字倒而不可通者，可注云："某本作某某。"十、文句前后倒置者，可注云："某本某句在某句下。"①校语一般应该简明扼要，不宜冗长。偶有重大是非问题，历来悬案，则需要详加考证。

二、校勘成果的处理

校勘前言，必须说明本书有哪些传本，这些传本的源流如何，以何者为底本，何者为校本，何者为参校本。一般来说，底本，应是传本中讹误较少的本子。校本，则是较早的祖本。校本可以是一个，也可以是几个，要根据实际情况来定。

---

① 张舜徽. 中国古代史籍校读法[M]. 武汉：华中师范大学出版社，2004：351-352.

底本与工作本不一样，工作本是自己容易弄到的本子，而底本则是各本中讹误较少的本子。因此，初校时应采取死校法，把所有异同都校出来。经过分析后，选定底本，然后把初校结果进行分析处理，处理方法一是主张所有异同都罗列成校勘记，而原文不予改动，是非判断写在校勘记当中。这种办法可以保证底本的原始面貌，又可以借校勘记了解各种版本面貌，同时对是非判断的意见也可体现于校勘记当中。日本水泽利忠《史记会注考证校补》就是一例。黄焯《经典释文汇校》附于通志堂刻《经典释文》后，周祖谟《尔雅校笺》校勘记附于影印宋刻本《尔雅》后，都不改正文，只出校勘记，是非均在校勘记中讨论。

二是选定底本后，对于底本错误予以改正，但在校勘记中说明原作某字，现据什么本子或什么理由予以改正。其余不能肯定是非的异文，也一律写校勘记中，供人参考。但底本不误，校本误的，就不再入校。目前此法较为通行，以中华书局点校本为代表。这样可以抓住要领，避免校勘记过于繁碎。但很明显，不能兼有第一种方法之长，不能取代第一种方法。

采取上述何种方式皆可，但若主张改正错误，则必须在校勘记中说明。对于主要对校本，因为也属于另一系统的重要代表，应全部罗列异文。对于参校本的异文，则择要写入校勘记。至于有的重要古籍，能够网罗到的稀见本较多，则主张全部通校，全部罗列异文，这样等于保存了多种版本的面貌，对研究极为方便。两种方法用途不同，不应定于一尊，应根据实际情况来选择。

第五章

古典文献的辑佚

辑佚是针对古籍散亡而言。中国古籍经历漫长时间，部分文献亡佚，而辑佚工作则是将散见于现存图书中的残篇断简进行摘录，按照一定的凡例组织成册，使古籍"再现"于世。辑佚是古籍整理工作的一部分，通过辑佚可使散亡的古籍为后世所了解，无论是辑佚出"全貌"的古籍，还是仅有几成的古籍，均是辑佚学的重要成果。辑佚对象包括五个方面：一者，辑佚亡佚之书；其二，辑佚残缺之书；其三，辑佚脱佚之文；其四，辑佚漏佚之篇；其五，辑佚散佚之目。

第一节　古籍的散亡与辑佚

一、散佚与辑佚

文献的生产、流通和保存已有数千年的历史，但是在漫长的历史发展过程中难免经历祸乱，损失严重。宋欧阳修《新唐书·艺文志序》说："藏书之盛，莫盛于开元，其著录者五万三千九百一十五卷，而唐之学者自为之书者又二万八千四百六十九卷，呜呼，可谓盛矣！……今著于篇，其有名而亡其书者，十盖五六也，可不惜哉！"从中可以看出中国图书亡佚之多。

文献的亡佚和失传的原因是多方面的，在这里简要介绍：

（1）书厄情形复杂。牛弘在《请开献书之路》中总结了隋朝之前的五次书厄，秦始皇下令焚书为第一次书厄；汉末王莽之乱，焚烧汉王宫导致典章文献被焚烧殆尽为第二次书厄；东汉董卓之乱，为第三次书厄；西晋的"八王之乱"和"永嘉之战"，洛阳藏书损坏严重，十去其九，为第四次书厄；南北朝侯景叛乱，所到之处焚烧抢掠，"图籍数百厨，焚之皆尽"，为第五次书厄。后来胡应麟在牛弘的基础上又扩充了"五厄"之说，即"大业一也，天宝二也，广明三也，靖康四也，绍定五也"。历史上总称为"书之十厄"。战乱、动乱是导致古籍散佚最主要的原因，当然除了天灾人祸外，还有一些其他影响因素。

（2）在印刷术出现之前，古籍的传播全靠手写，抄书不易，所以大家一般选取质量较优的本子，其余的书就陆陆续续被淘汰了。另外，封建社会重德轻艺，对科技发展并不重视，秦始皇焚书时，兵书、农书、医书并不在禁毁之列，但却没有保存下来。再有，一些书籍深藏内阁秘府或为少数藏书家所有，多不示人，孤本行世，没有传抄流传，一旦遭遇祸乱,就会导致散佚。最后,散佚与著述者本人也有一定的关系。如著述者犯下罪过,名誉扫地,为世人所不齿,他的著书流传于世的可能性也不大,逐渐被遗忘和抛弃而导致散佚。

(3)厚重之书流传不易。三国时曹丕编有《皇览》千篇,传抄不易,至南北朝时已不见其书,但有节抄本流传,至隋朝节抄本也不存。大部头之书,如南朝齐《四部要略》1000卷,梁《华林通略》700卷,北齐《修文殿御览》360卷,唐《文思博要》1200卷等早已不存于世。

(4)部分家族传承的典籍,以及有些不向社会公布的官书,流传机会很小,一旦遭遇兵燹、火燹、水渍、虫蠹等,书籍恐有不存。自汉至清,珍奇之书、海内孤本散亡者不可胜数。

古籍散佚已成事实,难以见到全貌,但幸运的是,一些片段文字存在于其他各类古籍、类书中,这样才有了辑佚的可操作性,辑佚工作开始出现。

二、辑佚溯源

所谓辑佚,就是把其他书籍中引用佚书的片段文字材料搜辑、整理出来,按照原书的体例加以编排,力图恢复佚书的原始面貌。辑佚是整理古代文献的基本工作之一。

辑佚工作开始于何时学术界尚未有定论,章学诚在《校雠通义·补郑篇》追源溯流,认为辑佚当从南宋王应麟说起。梁启超也认同此说法,《中国近三百年学术史》提到:书籍递嬗散亡,好学之士,每读前代著录,按索不获,深致慨惜,于是乎有辑佚之业。最初从事于此者为宋之王应麟,辑有《三家诗考》《周易郑氏注》各一卷,附刻《玉海》中,传于今。……入清而此学遂成专门之业。"而叶德辉却不认同,他根据北宋黄伯思《东观余论》中《跋慎汉公所藏〈相鹤经〉后》:"按《隋经籍志》《唐艺文志》,《相鹤经》皆一卷,今完书亡逸矣。特自马总《意林》、李善《文选注》鲍照《舞鹤赋》钞出大略,今真靖陈尊师所书即此也",专撰《辑刻古(佚)书不始于王应麟》一条,明确指出:"据此,辑佚之书当以此《经》为鼻祖。"但是至少可以确定的是早在南宋时期,已经有人提出了关于辑佚的理论与方法。郑樵《通志·校雠略》中指出:"书有亡者,有虽亡而不亡者;有不可以不求者,有不可求者。《文言略例》虽亡,而《周易》具在;汉、魏、吴、晋《鼓吹曲》虽亡,而乐府具在;《三礼目录》虽亡,可取诸三礼;《十三代史目录》虽亡,可取诸十三代史。……凡此之类,名虽亡而实不亡者也!"他认为在历代书目编纂之时,著录的亡佚之书,其实并未全亡,而是散见于另外类似的书中,他还举出了诸多的例子来证明自己的观点,这在当时不失为一种创见。郑樵还提出了在访求散佚文献时,注意在四个方面下功夫:即书有名亡而实不亡的;有亡书出于后世的;有亡佚之书出于民间的;有阙书备于后世注解、引文、述说而存于当今的。他提出要通过多途径来搜访古籍,这种处理古代亡佚书籍的方法,对后世产生了重要的影响。这一时期辑佚成就较大的还有南宋末年著名学者王应麟,王应麟辑录了《诗考》《郑氏周易注》两书,另外《困学纪闻》中也有不少关于辑佚的条文,其中《诗考》是最典型的代表。在《诗考·自序》王应麟说道:"诸儒说《诗》,壹以毛、郑为宗,未有参考三家者。"针对这种情况,他辑录了韩、鲁、齐三家佚文,而且还从经史文集中搜辑了与《诗经》相关的异文杂说和逸文,从而形成了第一部专门辑录三家《诗》的著作。王应麟的辑佚工作,不仅在宋代开启了辑佚的先河,而且对清代辑佚鼎盛局面的形成产生了直接的影响。

明人的辑佚,总体上较前代有很大的发展,从事辑佚活动的人数增多、成果众多,对辑佚的认识、理解和理论阐述也远远超过前代。其中以胡应麟对辑佚活动最具有代表性。胡应麟是明代著名的诗学家、文献学家,兼涉辑佚。古佚小说《百家异苑》、干宝《搜神记》、张耒《柯山集》等都是他的辑佚成果,此外还有一些零散篇章,在《二酉缀遗》中可见。在辑佚理论上,胡应麟也有所发展,关于佚书的考辨、佚文搜辑的途径、辑佚现象的总结、强调类书的作用等问题,他都有所论述,代表了明代辑佚理论的发展水平。并且重点探讨了类书与辑佚的关系,对清代的辑佚产生了一定的影响。如《四库全书总目》中类书类的小叙以及诸类书的提要中都强调类书的辑佚价值。

清代是辑佚发展的鼎盛期。实事求是的考据学风在清代盛行,再有《四库全书》编纂的推动,辑佚不仅成为一种重要的学术手段,而且形成专门之学,称为辑佚学,在文献学领域中也变得越来越重要。清人辑佚的范围、规模、数量、质量,都远远超过以往任何一个朝代。梁启超说"吾辈尤有一事当感谢清儒者,曰辑佚",对清代辑佚给予了很高的评价。清代辑佚不得不提《四库全书》,它在辑佚方面取得了巨大成就。最先提出辑佚的是朱筠,他上书皇帝说:"臣在翰林,常翻阅前明《永乐大典》,其书编次少伦,或分割诸书以从其类,然古书之全而世不恒觏者,辄具在焉。臣请敕择取其中古书完者若干部,分割缮写,各自为书,以备著录,书亡复存,艺林幸甚。"这一上书很快得到了批准,他们把散见在《永乐大典》各韵目条下的许多书,重新依次排列整理,又参考了类书、古注等文献资料,力图恢复其书的原貌。《四库全书》辑录的书本数量多、内容丰富、具有极大的价值,填补了我国学术领域的许多空白,为整理和保存古代文化典籍做出了巨大的贡献。另外,严可均的《全上古三代秦汉三国六朝文》、马国翰的《玉函山房辑佚书》、黄奭的《黄氏逸书考》也是清代辑佚的重要成果。后来鲁迅先生有《古小说钩沉》,郭绍虞先生有《宋诗话辑佚》,都是典型的辑佚之作。现代辑佚已经成为文献整理工作必不可少的手段之一,辑佚对象也不断扩大,成果依旧丰富。

第二节　辑佚的资料来源

关于辑佚的来源,前人多有论述。梁启超认为清人辑佚取材于唐宋间数种大类书,遍及诸经注疏及他书,张舜徽先生认为辑佚应该多方发掘,不可局限于少数书或一部书,由此他提出了以下几种辑佚工作者应该重点关注的方法:(1)取之唐宋类书,以辑群书;(2)取之子史及汉人笺注,以辑周秦古书;(3)取之唐人义疏,以辑汉魏经师遗说;(4)取之诸史及总集(如《文苑英华》之类)(5)取之《经典释文》及《一切经音义》(以慧琳《音义》为大宗,)以辑小学训诂书。在前人研究成果的基础上,将辑佚的资料来源归于以下几个方面:

1.类书

类书是辑录历代典籍的材料,按门类、字韵等编排,便于查找和征引资料的工具书。前面我们也提到过类书,胡应麟就强调了类书在辑佚中起到的重大作用。在《少室山房类稿》卷一〇四《读〈太平御览〉三书》中说道:"宋初辑三大类书,《御览》之庞绩,《英华》之芜冗,《广记》之怪诞,皆艺林所厌薄,而不知其有助于载籍者不鲜也。非《御览》,西京以迄六代诸史乘煨烬矣。非《英华》,典午以迄三唐诸文赋烟埃矣。非《广记》,汲冢以迄五朝诸小说乌有矣。余年薄太宗之凉德,至读三书,则斧声烛影之疑,辄姑举而置之,乃《广记》之胪列详明,纪例精密,灼然必传,又当议于二典之外者也。"而且类书在时间上纵贯历朝,内容丰富,便于辑佚。阮元就曾盛赞《太平御览》:"存《御览》一书,即存秦汉以来佚书千余种矣。"由此可见,类书是辑佚书重要的渊源。

2.古注

自古以来,我国就有注释文献的传统,古人做注疏,往往要博览群书、群征引用,并注明出处,由此大量的佚书资料得以保存,成为后人辑佚的重要源泉。其中有四部书引用资料完整,内容丰富,最受辑佚者重视,即南朝宋裴松之《三国志注》、北朝郦道元《水经注》、南朝梁刘孝标《世说新语注》、唐李善《文选注》。这四部著作引用了很多失传之书，部分内容通过这些注本才得以保存。

3. 子史群书

逯钦立先生在辑《先秦汉魏南北朝诗》时，附有二百五十余种引用书目，其中以子书、史书最多。诸子百家，学术思想不尽相同，因此保存了不少佚文。梁启超《中国近三百年学术史》："以吾所见，辑子部书尚有一妙法。盖先秦百家言，多散见同时人所著书，例如从《孟子》《墨子》中辑告子学说；从《孟子》《荀子》《庄子》中辑宋钘学说；从《庄子》书中辑惠施、公孙龙学说……"史官文化在我国一直比较发达，历朝历代都有史书。史书博征载籍，保存了很多佚文。

4. 总集

简单来说，总集是历代或断代各家作品的汇总。如果某人的别集散佚或亡佚，就可以从总集中辑出其散佚亡佚的作品。我国现存最早的总集是萧统所编的《文选》，《文选》选录七百余篇先秦至梁的诗文，分为 38 类。后有《玉台新咏》《文苑英华》等总集陆续出现，亦可以从中辑录出很多宝贵的文献资料。

5. 地方志

地方志即记述地方情况的史志，以某一地域为限。方志内容丰富，常常采用分门别类的编排方式，记人记事讲究文必有据，言必有托。由于其特殊性，方志的编纂需要追古溯源，后人修志要建立在前志的基础上，因此征引了大量前人的著述。这种代代相传的编纂方式间接保存了大量的古籍文献。其中艺文、金石、古迹类目中的诗文，书目、碑刻等极具史料价值，成为辑佚的来源之一。

6. 音义书

即解释古代经典文献中字词的读音和释义的书。如前张舜徽先生所举的陆德明《经典释文》及释慧琳《一切经音义》均是这方面重要的著作。《经典释文》采录了二百余家汉魏六朝音注，其中不少书籍已经亡佚。而向秀、司马彪注《庄子》，刘歆注《尔雅》等都赖以《经典释文》而保存下来。《一切经音义》更为博大，音注佛经一千多部，征引文献七百余部，后人从中辑出《仓颉篇》《字林》等，可谓隋唐前佚书之一大渊海也。

7. 金石

金石即古代镌刻文字、颂功纪事的钟鼎碑碣，或从上摹写拓印出来的文字。以金石上为载体，刻在上面的文字易于保存，不易损害。金石类的书籍众多，如王昶的《金石萃编》,共160卷,著录了周秦至宋辽金历代石刻一千五百余件,具有极高的学术价值,常常为辑佚者所青睐。

此外,笔记杂钞、海外佚书、石室秘藏与出土佚书等都是辑佚的资料来源,在这里就不再赘述。

第三节　辑佚的方法

前面我们也提到宋人郑樵率先提出了辑佚的方法,到了明代,祁承爜《澹生堂藏书书约》中说:"如书有著于三代而亡于汉者,然汉人之引经多据之;书有著于汉而亡于唐者,然唐人之著述尚存之;书有著于唐而亡于宋者,然宋人之纂集多存之。每至检阅,凡正文之所引用,注解之所证据,有涉前代之书而今失其传者,即另从其书各为录出。"他丰富了古代的辑佚理论和方法,对后世产生了重大影响。

一、散佚文献的认定

辑佚工作首先就要确定哪些文献是确定散亡了,如果所辑文献并非散亡,那么辑佚工作则毫无意义。那么,散佚文献的确定有如下几种类型。

1.佚文的确定

佚文,指的是文献散佚,缺失部分文字。辑佚时,需要对佚文进行认定。辑佚活动包括多种情形,其一,辑校脱佚之文的辑佚活动,其辑佚的对象是存世之书,但该书在流传过程中已有脱文,其脱佚之文,一般是辑录其他古籍所引该书之文,与该书传世之本之文进行校勘时发现的,辑校脱佚之文的辑佚是从认定佚文开始的。其二,辑录别集、总集以及辑佚本未收的漏佚之文,也是如此。如辑编断代的诗文,首先要认定作者的时代,作品的文体,有见必录,无论存佚。如果该作者已有别集传世,那就是辑拾漏佚,是从辨别诗、文是否已经存于别集。如果前此已有同类的总集,如清编《全唐文》,后世再作《补遗》《补编》时,则要在《全唐文》的基础上辑拾漏佚之文。所以,辑佚工作要从认定佚文开始。

认定佚文没有捷径可走,只能逐一查核比勘。佚文认定有几条基本原则:(1)旧存的个人诗文全集的集外之篇;(2)通代、断代总集的集外之篇;(3)完整流传下来诸书的见于他书的书外脱文;(4)残缺之书的书外之文;(5)亡佚文献的遗存之文。一般来说,辑佚佚文需要对所辑对象有全面的了解。此外,还需要利用一些索引类工具书,如《永乐大典索引》《全上古三代秦汉三国六朝文篇名目录及作者索引》《全唐诗作者索引》《全唐文篇目分类索引》《元人文集篇目分类索引》《清代文集篇目分类索引》等,但这些索引不甚全面,使用时要综合考量。

2.佚书的确定

佚书,指的是见于前代书目著录,文献征引、古籍标记的书名而没有流传下来的典籍。佚书认定很困难,其基本方法是,凡见于前代文献称引,而后代书目不著录者,这种情况大多是佚书。如《汉书·艺文志》著录的书籍,《隋书·经籍志》及后世目录不著录者。又如,隋唐文献中出现的古籍,《崇文总目》《宋史·艺文志》《直斋书录解题》《郡斋读书志》及其后目录均不著录者,也有可能是佚书。试举一例:在中国小说史上,隋代历来是一个被人忽视的环节。隋代小说多散佚,不见其书流传,《八代谈薮》即是如此。黄大宏从《太平广记》等书中辑录出此书,命名为《八代谈薮校笺》。借助此书,可管窥《八代谈薮》面目一二。

认定佚书的途径有二:

一是把历史分成先秦、隋唐五代、宋元、明清四段。先秦文献散佚者十之八九,辑录先秦书目中的古籍,需要慎之又慎,并能够进行辨伪,清人辑佚工作做得较好。隋唐五代古籍也是如此,这部分古籍需要对宋代以后文献进行全面梳理,清人做的工作也较为全面。宋元著作的存佚情况,经清人和今人的梳理,也基本清楚。明清人著作的存佚情况,特别是晚清、民国著作,有许多稿本、写本尚在存佚之间,仅凭常用书目不能完全解决,这一时段是现在辑佚工作的重要环节。

二是利用专题、专类书目。许多专门的书目兼记存、佚、阙、未见,据而基本可知有关书之存佚。应注意的是,其注为"佚"者,未必尽佚,要尽可能查询国内外馆藏及各种目录。现存古籍图书文献基本归于公藏,公藏较富者又限于几十家,大都编有藏书目录和专题、专类的联合目录。中国古籍流传海外者不少,也应注意。现今出版的目录可综合利用,如《中国古籍总目》《中国古籍善本总目》《中国古籍善本书目》《中国丛书综录》《中国丛书综录续编》《中国丛书目录及子目索引汇编》《中国善本书提要》《中国善本书提要补编》《中国珍稀古籍善本书录》《北京图书馆古籍善本书目》《浙江图书馆古籍善本书目》《湖南省古籍善本书目》《上海图书馆地方志目录》《中国西南地区省市图书馆馆藏古籍稿本提要》《东北地区古籍线装书联合目录》《北京大学图书馆藏古籍善本书目》《清华大学图书馆藏善本书目》《中国人民大学图书馆古籍善本书目》《中国科学院图书馆馆藏中文古籍善本书目》《复旦大学图书馆古籍简目初稿》等;港澳台地区《香港所藏古籍书目》《香港中文大学图书馆中国古籍目录》《香港中文大学图书馆古籍善本书录》《香港大学冯平山图书馆藏善本书录》《台湾图书馆善本书志初稿》《台湾图书馆善本书目·增订本》《"故宫博物院"善本旧籍总目》《"台湾研究院历史语言研究所善本书目》《"台湾大学"善本书目》《台湾省立台北图书馆善本书目》《"防务研究院"善本书目》《"台湾师范大学"善本书目》《私立东海大学善本书目》等;海外《美国国会图书馆善本书录(1957)》《美国国会图书馆藏中国善本书录(2014年)》《美国国会图书馆藏中文善本书续录》《美国哈佛大学燕京图书馆中文善本书志(1999)》《美国哈佛大学燕京图书馆藏中文善本书志(2011)》《普林斯敦大学葛思德东方图书馆中文善本书志》(屈万里)、《普林斯顿大学葛思德东方图书馆中文旧籍书目》(昌彼得)、《美国俄亥俄州立大学图书馆中文古籍书录》(修订版)、《京都大学人文科学研究所汉籍分类目录》《京都大学文学部所藏汉籍目录》《东京大学东洋文化研究所汉籍分类目录》《东京大学总合图书馆汉籍目录》《内阁文库汉籍分类目录》《尊经阁文库汉籍分类目录》《静嘉堂文库汉籍分类目录》《静嘉堂秘籍志》《蓬左文库汉籍目录》《吉川文库汉籍目录》《爱媛大学附属图书馆汉籍目录》《日本现藏稀见元明文集考证与提要》《加拿大多伦多大学东亚图书馆藏中文古籍善本提要》《牛津大学图书馆书目》《法兰西学院汉学研究所藏汉籍善本书目提要》《西班牙图书馆中国古籍书志》《梵蒂冈图书馆所藏汉籍目录》《日据时期朝鲜刊刻汉籍文献目录》等。

二、辑佚步骤

(1)搜集整理佚文,这是开始辑佚所必要的基础性工作,要注意的是,摘录佚文要注意标明出处。如果出自同一文献,只需标注一次,但很多佚文已经分裂成只言片语,要分别注明出处。如鲁迅辑《玄中记》:千岁树精为青羊,万岁树精为青牛,多出游人间。就有如下的标注:《类聚》九十四、《御览》九百一引首句;《初学记》二十九、《白帖》九十六引次句;《珠林》二十八、《类聚》八十八引前两句;《御览》八百八十六引全。每一句都标明了具体出处,细致严谨。

(2)选择合适的底本。古籍版本不一,自然也有优劣之分。作为辑佚的底本,一般来说选择成书时间早、记载详细、讹误较少的版本。除底本,当然还要参考其他版本,一一校对勘误,力求无误。陆机"黄耳犬"的故事,在多个典籍中均有记载,而《艺文类聚》中记载最详，且时间较早，当以此为底本。

（3）注明异同。辑录的佚文可能会在不同的古籍中出现，而且略有出入，这时就不仅需要我们注明出处，还需要标明异同，便于审读和比较。鲁迅先生在辑《汉武故事》"颜驷三世不遇"时，就将《北堂书钞》《御览》《文选注》《后汉书注》《绀珠集》《草堂诗集》等书中有关的材料整理归纳、标注异同。

（4）校正文字。有些佚文，多残缺不全或讹误众多，阅读起来极其困难，这就需要校正文字，这一工作是辑佚的重要环节。最后一个环节是恢复篇第，搜辑过来的文献零散不全，顺序混乱。辑佚工作者要参考其他书的体例、编排等，重新给文献分类、排列、组合，当然也不可忽视各条文献之间的关联性，这样才能更准确地恢复原书篇第。编《四库全书》时，薛居正的《旧五代史》就花费了辑佚者大量的功夫。其材料散见于《永乐大典》各条，杂乱无章，无规律可寻。又征引《新五代史》《旧唐书》《五代会要》《资治通鉴》等一百多种典籍，补缺查漏，后来又参照原书批篇目，编定成册。

这些辑佚方法是我们这些初学者需要了解和掌握的。辑佚工作需要研究者具有广博的知识、扎实的文献功底以及大量的实践经验，这是需要努力的方向。

三、佚文的搜辑

搜辑佚文的过程分为三个步骤：第一，确定哪些古籍文献存有要辑录的佚文；第二，查阅古籍文献，对特定的佚文作出审定，也就是查找佚文；第三，将查到的佚文逐一摘抄，注明出处；第四，对所辑录的佚文进行必要的校笺，以考证佚文的正确性。

辑佚资料的范围确定之后，要利用各种书目和索引进行查找。张三夕《中国古典文献学》归纳为四点，分别是盲检法、直检法、扩展法、机检法[①]。

佚文的查阅方法因辑佚者的不同而各异。例如，有些图书文献编有征引图书、诗文的"书名、篇名索引"和"作者索引"，这就为佚文的查寻提供了方便。对没有"索引"的图书，如有新式标点本的则应注意使用，其多用专名号标出作者、书名及引文，这对佚文的查阅寻找也提供了一定的方便。

佚文出处的标注方法有两种，一为并注法，也就是将一条佚文凡所见征引诸书一并注明，如《萧颖士集校笺》一书的标注方法；二为校注法，即每条佚文无论见于多少处征

---

① 张三夕. 中国古典文献学[M]. 武汉：华中师范大学出版社，2007：210.

引,一般只注明一处出处,余则在校注中说明。《东观汉记校注》一书即用此法。两种方法都有利弊,对于不同的文献,最好先审读文献特点,然后选择不同的标注方法。

第四节 辑佚的要求及意义

一、辑佚的要求

刘咸炘曾说:"辑书,非易事也。非通校雠、精目录,则讹舛百出。"他还指出了辑佚书存在的几大弊病:第一是漏;第二是滥;第三是误;第四是陋。由此可见,辑佚书也有优劣之分。梁启超亦有类似的看法:清儒所做辑佚事业甚勤劳,其成绩可供后此专家研究资料亦不少。然毕竟一抄书匠之能事耳。末流以此相矜尚,治经者,现成的《三礼》郑注不读,而专讲些什么《尚书》《论语》郑注;治史者,现成的《后汉书》《三国志》不读,而专讲些什么谢承、华峤、臧荣绪、何法盛;治诸子者,现成几部子书不读,而专讲些什么佚文和什么伪妄的《鬻子》《燕丹子》。若此之徒,真可谓本末倒置,大惑不解。其中他对清人专以辑佚为尚而不注重现存书籍的倾向颇有微词,认为要先打好基础,再来辑佚,否则会本末倒置。一本优秀的辑佚书应该符合以下几点标准:

首先要找寻可靠的佚文。辑录佚文要广泛撒网,汇集众多版本,这样取材的范围广,佚文全,各版本之间还可以互相勘校,错误率就会大大降低,误将其他书中文字辑入本书的情况是最常见的辑佚错误。因此在辑佚时要寻找可靠的佚文,才能保证辑本的质量。

其次要认真删汰繁芜,在这里就不免要提到辨伪这项工作,辑佚与辨伪的工作常常是紧密联系在一起的,因此有些学者喜欢把辑佚和辨伪放在一起讲。辨伪,在辑佚中体现为去伪存真,如果辑书中出现了伪篇,它的可信度就大打折扣,会得出错误的结论,这比无法得出结论还要糟糕。对一些零星散句或重复出现的字句,也应给加以处理,删去繁芜的部分。

再次,还要进行精密的考订。不仅要对讹误的字句进行校勘,还要考作者、溯源流、辨体裁。如有确凿的证据加以证实,那么辑本的质量就会提高,如果实在不能得出确切的结论,便可采用保守的观点,只存不证,以待更多的资料证实。如杨修解释"黄绢幼妇,外孙齑臼"的故事,出处就不相同。《学林》《草堂诗笺》《类林杂说》《玉集》都认为出自

《裴子语林》，而《说郛》所记载大致相同，唯独姓名有异，却谓出自《小说》。这里就无法辨别孰是孰非，因此两存其说。

最后，做好体例的编排。辑录佚文时标明出处，可能原书的体例会通过一些线索重现出来，但如果原书无体例可循，这时就需要辑佚者重新编排。编排得宜的著作有王先谦的《诗三家遗说》以及逯钦立先生编纂的《先秦汉魏南北朝诗》。《诗三家遗说》先列《诗经》正文，再附解说，解说分为"注"和"疏"。"注"主要是三家遗文，"疏"就是作者自己的论述、考证等，体例清晰又严谨。《先秦汉魏南北朝诗》的编排没有采用帝王宗室为首卷的方式，也没有分前集、正集、外集等，而是严格按照诗人卒年的先后顺序加以编排，颇具创新。

有了这些标准，我们自然可以判断辑佚书的优劣。

二、辑佚的意义

从以上的论述可以看出辑佚工作十分不易，叶仲经也在《黄氏逸书考序》中提到辑佚工作的困难："顾辑书匪难，而求免脱误诸病尤难。如马氏以《史记索隐》鲁连子下云：'共，今卫州共城县'。乃司马贞之按语，遂误连本文。《艺文类聚》称《别录》引《尹都尉书》有《种葱篇》，下云'曹公既与先主云云'明惜别引一书，乃作尹说，此误之甚者也。……此类皆马氏之失，再以马而例诸家，恐其亦复不免。"要想真正把辑佚工作做好、做精细需要耗费大量的时间和精力，那么辑佚的意义是什么呢？

首先，虽然我国古代典籍浩瀚如海，但仍有大量典籍散佚。辑佚工作可以丰富古代文化典籍，增加民族文化底蕴。辑佚成果越来越多，唐及以前的诗文别集多为后人辑汇散佚或辑拾漏佚而成，极大地丰富了我国的文献典籍库。

其次，辑佚工作再现已经失传的古籍，为学术研究者提供更多的古代典籍资料，从而开掘出许多久已被历史淹没难以寻觅的极有价值的资料，来补现存之书所不备。如果书中有缺失的部分、漏佚的篇章、不确定的文字等，辑佚者就可以通过补辑其缺，拾其漏，校辑其脱的方法，使残、缺、脱之的部分渐趋完善，以求达到还原原书本来面貌的目的。此外他们还把一条条、一篇篇的佚文从浩如烟海的文献中搜集整理出来，将零散的资料汇集起来，清代官修《全唐诗》《全唐文》，严可均《全上古三代秦汉三国六朝文》，逯钦立《先秦汉魏晋南北朝诗》等都是如此，为学术研究带来了极大的便利。

再次，辑佚有利于文献的长久流通和保存。辑佚之后形成的著作相对完整、价值较高,更加受到研究者的重视,因此流传和保存下来的概率也相对升高。

最后,辑佚作为一种学术研究手段,对学术工作者本人也有极大的影响。掌握了辑佚的方法和途径,再结合目录学、版本学、校勘学等其他文献学领域的知识,能更好地从事古籍研究的工作,个人综合能力研究的能力也得到一定的增强。

虽然辑佚工作困难重重,但研究者依然前赴后继地投身于辑佚工作中,未来的辑佚研究前景必然是值得期待的。

第六章

古典文献的考证

考证学,亦即考据学。考据之学分为广义与狭义两端,广义的考据学注重文献语言、名物训诂和历史事实的求真求实,从字义的解释到篇章意旨的阐发,无不赅备。狭义的考据学侧重于历史史料的校勘、辨伪与考证,从这个意义上讲,也可以称为历史史料学。考据学从文献符号的形音义考证始,以字词义、句义、句群义、篇章义的阐释和历史的求真求实终,目的在求正确地理解文献。

第一节 "考证"与"考证学"

一、"考证"与"考证学"之名

根据《辞源》和《辞海》中的解释可知"考证"亦称为"考据",名称虽异,实则相同。其定义指对古籍的文字音义及古代的名物典章制度等进行考核辩证。根据事实的考核和例证的归纳,提供可信的材料,作出一定的结论。是中国传统学术的一种治学方法,它在对中国文献与历史上存在的若干狭小的学术问题进行考索研究时,以客观的态度,注重证据,以求真知。

"考证"作为一种绵延中国近三千年的传统学术思想与方法,自汉以来得到学者的广泛应用。魏晋时代,形成一种重要的学术理论体系,考据学正式建立。两宋以来,充实了考据的内容与方法。到了清代尤其是乾嘉时期,由于考据从专为经学服务扩展到史学、文学等领域,考据学在清代有多种名称。如戴震、段玉裁、凌廷堪等人常称考核学,《四库提要》多称考证学,孙星衍、江藩等人则称考据学,另有朴学、实学、汉学、制数学、名物典制之学等通称,由于传统考据学在清代乾嘉时期发展到顶峰,近代以来又多称其为乾嘉考据学。晚清至上个世纪中叶,传统考据学以史料考据为主,有学者又称为历史史料学。考据学这些名称皆以该学术思想的某一特征为命名之由,如称考据学、考证学、考核学是指其纠谬考辨、注重证据的治学特征;称朴学、实学是指其质朴求实、不尚虚谈的学术风格;称汉学是指其崇尚汉儒重小学训诂与名物考辨的学术特质;称制数学、名物典制之学则是指其注重辨名当物与考订典制;而称乾嘉考据学则是因其极盛于清代乾隆、嘉庆时期,故以时代为学术之名。考据学常等同于考证学,或考订学,名称虽异,其实相同,而通称为考据学。

考据学又称考证学,按顾颉刚的说法,是"土生土长的中国之法"。关于考据学的起源有不同的观点。传统考证学萌芽于春秋战国,发展于两汉,成"学"于魏晋南北朝,转型于两宋,集大成于乾嘉;新考据学萌芽于两宋,成"学"于清末民初,转型于上世纪末。

王鸣盛在《十七史商榷序》中说:"正文字、辨音读、释训诂、通传注,则义理自见,而道在其中矣。"考据学在两千年中演变的大势是从为经学服务到为史学服务,再到为文学乃至于几乎所有的传统学科服务。当今社会,新思想、新方法层出不穷,但传统考据学仍有其顽强的生命力,至少可以应用于文史研究、辞书编纂、古籍整理三大领域。

考据是一种重要的学术研究方法。治学贵在方法,无方法不能谓之"学",方法不系统不科学也不得谓之"学"。任何传统学科谓之"学",当离不开考据一途。学,既指学科,也指学术,还可以指学问。梁启超在《清代学术概论》中说:

凡欲一种学术之发达,其第一要件,在先有精良之研究法。清代考证学,顾(炎武)、阎(若璩)、胡(渭)、惠(栋)、戴(震)诸师,实辟出一新途径,俾人人共循。贤者识大,不贤识小,皆可勉焉。中国积千年文明,其古籍实有研究之大价值,如金之蕴于矿者至丰也。而又非研究之后,加以整理,则不能享其用,如在矿之金,非开采磨冶焉不得也。故研究法一开,学者既感其味,又感其必要,遂靡然向风焉。愈析而愈密,愈浚而愈深。盖此学派在当时饶有开拓之余地,凡加入派中者,苟能忠实其事,不拘大小,而总可以有所成,所以能拔异于诸派而独光大也。①

二、"考证学"诸说评议

考证,亦写作"考据""考订""考核"。现代学者,对考据和考据学有不同的论述。首先应该提到顾颉刚先生对考据学做过的比较全面的总结。顾氏认为,"考证学"是一门中国土生土长的学问,它的范围有广、狭二义。广义考证学包括音韵、文字、训诂、版本、校勘诸学;狭义的考证学专指考订历史事实的然否和书籍记载的真伪和时代。总之,它以书籍为主体,要彻底弄明白许多书籍的文字意义和社会意义,来帮助人们了解历史。考证学这个名词应当改称为"史料学"。史料学的目的,是从资料的来源和它的真切性,以及作者的时代和它的环境等问题来揭示出每一件资料的本质,认定它是一定的社会环境下的产物,以便人们根据这样的分析,进一步综合某一时代的资料而得出正确的历史和

---

① 梁启超.清代学术概论[M].上海:上海古籍出版社,1998:28-29.

知识。可是这个工作现在还没有达到让我们随意应用的高度。

从顾颉刚先生对考证学所下的定义来看,考证学包括的广、狭二义,实际是对象与方法的考究。广义的考证学,多是指使用的方法,也可以指对象。而狭义的考证学,它不是指具体的方法,而是指考据学的对象。

张岱年、汤一介、庞朴先主编的《中华国学》一书,收有杨昶《考据学》一文,亦将考据和考据学分开,认为二者既有联系,又有区别。"古书的注释、考证、校雠、订谬、辑佚、辨伪诸项,乃至目录、版本、音韵、文字、训诂之学,一般被学者置于考据学的范畴","在具体操作上,大抵是以校勘厘正典籍本文,以训诂贯通字义,汇集资料,整理排比,辨伪索真,探源究委","一般来说,考据是一种治史方法,即对某一特定的史料或史实的审视、验证、鉴别和考核,考据学的范围就要广泛得多,是指综合运用各种文献手段,以严密的方法,对历史文献所记载的史实而进行的大量、广泛的考订工作"。

钱穆认为考据学首先是一种确证知识和是非的方法。他说,一门学问的建立必须重视明据确证,不然就无法立于不败之地,"惟考据乃证定知识之法门,为评判是非之准的"。又说:"讲话又要有本有据,那是考据之学。"可见,钱穆的考据之学不仅仅是对文献史料进行音韵、训诂、校勘和考证,而是包括更广的含义,即对历史事实(制度、事件和人物)、思想的历史形态和发展过程进行具体描述和评判。考据原是治学的方法,钱穆先生于《新亚学报发刊辞》中说:"考据仅为从事学问之一方法,学问已入门,遇有疑难,必通考据。"他又认为曾国藩将考据渊源分杜马和许郑两派,以顾炎武和秦蕙田接杜马,以二王接许郑,"将考据学范围放大,更是一种绝大见识,为乾嘉诸儒所未逮"。"当知乾嘉学之锢蔽,正为把考据范围看狭了,专侧重在许郑一边。于是他们的学术路径,便不期然而然地趋向到校勘、训诂方面去……现在曾氏把考据范围放宽了,又特为辟出杜马一路直至顾炎武与秦蕙田,那便在经学之外扩开了史学,于校勘、训诂之外,辟出了典章制度。"钱穆还特别提出考据要考其义理,说先秦诸子各大思想家都有一套考据,"他们的思想言论,也各有来历,各有根据,都不是凭空而来。那亦即是考据"。又说:"考据应是考其义理。"明确提出考据还应当以包括义理的阐发,这已经与现代西方阐释学有相吻合之处了。

赵光贤认为:"考证是历史研究中的一个重要环节,一般来说,考据学不等于史学,研究历史也不一定都要搞考据,但它往往是历史研究中不可缺少的一个环节。因为历史研究离不开具体史实,而史实主要是用文字表达出来的,所以我们在对史实下结论之前,必须经过一番批判的研究功夫,才不至于陷于谬误,这番功夫我国称之为考证。"

陈江说:"考据又称考证,它是对古代典籍和史料的文字内容进行整理研究的一种方法,具体地说,包括考异、注释、校勘、订补、辨伪、辑佚等工作。"

毛曦提出:"考据,亦称考证,是一种治学的方法,即有根据、有材料、有说明力地对文献或事实等加以考证、证实,它通过对字词音、形、义的考证,对时间、地点、人物、事件有根据的证实,纠错辨伪,力求恢复其真,这种方法在史学、经学、古典文学等学科都能用到。我们自古以来就以考据的方法整理文献。"

陈剩勇提出:"考据,又称考证。作为中国传统史学的一种基本的操作技能和方法,考据即以理性的精神,审视、验证和鉴别历史文献之真伪和历史记载之虚实。"

考据学是人们熟悉的学科,从具体的方法而言,其中包括音韵、训诂、文字考释,也包括义疏、笺注、传疏、注释等多种解释方式。从这点上说,他与西方阐释学殊途而同归。西方的阐释学名称来源于希腊文的"解释"(herméneuein),这是由希腊神话中神的使者赫尔默斯(Hermes)的名字演化而来,由于这个神负有释解、传达神旨的重任。英文中的阐释学是 hermeneutics,德文中是 Hermeneutik。由于历史原因,阐释学本意并不仅仅是对于普通的疑难问题的解释,还包括对于神的旨意,对于来自另一个世界的声音的传达,所以它同时有解释、宣告、翻译等多重意义。另外,在成为"学"时,其语义是以对于《圣经》的专书解释来命名的,以后才逐渐扩展为对于其他文本的解释。

三、考证的必要性

考据之所以必须,正如何休《春秋公羊传》序所说:"传《春秋》者非一,本据乱而作,其中多非常异义可怪之论,说者疑惑,至有倍经任意反传违戾者,其势虽问不得不广,是以讲诵师言至于百万犹有不解,时加让嘲辞。援引他经失其句读,以无为有,甚可闵笑者,不可胜记也。是以治古学、贵文章者,谓之俗儒。至使贾逵缘隙奋笔,以为《公羊》可夺,《左氏》可兴。"

考据学在中国传统学术中地位很高,其基本精神是为文献的求真、求实服务,其方法也不拘一格。清人江藩,谓考据是"考历代之名物、象数、典章、制度,实有据者也"。陈垣先生说过:"考据为史学方法之一,欲实事求是,非考据不可。彼毕生从事考证,以为尽史学之能事者固非;薄视考证以为不足道者,亦未必是也。"荣孟源发表有专文《论考据》,这是考据学一篇比较早的论文。他把考据方法分为四个方面:(1)考察记事是否合于自然规律;(2)考察记事是否合于社会实际情况;(3)考察词是否自相矛盾;(4)考察记事是否能和其他文献相合。荣孟源认为考据的任务是鉴别史料、考订史事、校勘文字、解释史料。收集材料时就要进行鉴别,考据即已开始。来新夏把考据的基本方法总结为三个方面:(1)本证,即从图书资料本身发现矛盾,寻求证据,考定问题,包括从图书中据载事实、典制来考定,从图书所引资料来考定,从图书内容的文体字句来考定,从图书内容的学术思想来考定等。(2)旁证。包括利用图书资料以外的其他文献来考定,利用文献以外的其他实物遗迹如古代遗址、金石器物、碑版志铭来考定等。(3)理证。根据个人学识以判定是非。

第二节　考证学的意义及特点

一、考证学的意义

考据是一切学问的基础。就大的范围来说,凡涉及古典文献,文史哲政经法医工农书,无不需要考据,无考据则学不立,无考据则文不安,无考据则理无据,无考据则文章不实。朴学大师和思想家戴震以"义理、文章、考核"为学,他说:"古今学问之途,其大致有三:或事于理义,或事于制数,或事于文章。事于文章者,等而末者也。"又说:"有义理之学,有文章之学,有考核之学。义理者,文章考核之源也。熟乎义理,而后能考核,能文章。"曾国藩以"义理、考据、辞章、经济"为学,在《劝学篇示直隶士子》中说:"为学之术有四:曰义理,曰考据,曰辞章,曰经济。义理者,在孔门为德行之科,今世目为宋学者也。考据者,在孔门为文学之科,今世目为汉学者也。辞章者,在孔门为言语之科,从古艺文及今世制义、诗赋皆是也。"这是将三者视为不同的学术门类。他还对其弟说:"盖自西汉以至于今,识字之儒,约有三途,曰义理之学,曰考据之学,曰词章之学……兄之私意,以为义理之学最大。义理明则躬行有要,而经济有本;词章之学,亦所以发挥义理者也;考据之学,吾无取焉矣。"这是将三者视为研究儒学的不同方法,而义理是根本。

顾颉刚认为,清代考据学是传统考据学的代表,他在《清代学术的历史背景》一文中这样评价清代考据学:"我是一向佩服清代考据学的,以为它一扫宋明哲学的空洞的主观主义而走入实证的道路,接近于唯物主义。它虽不能'去粗取精'却能'去伪存真',看呵,《古文尚书》《孔子家语》《孔丛子》等书不是全被搜出了伪证而推翻了吗?《左传》《周官》《仪礼》《孝经》《谷梁》这几部经典,不是已提出了许多可疑之点吗? 它虽不能'由表及里',却能'由此及彼';看呵,他们不是利用了先秦诸子、金石文字、释典道藏,把许多古籍都校勘明白,又解释得合理了吗? 这样的文化,在秦、汉以来两千年中是少有的,是中国走上科学的基础,是民族文化的精华。"郭沫若说:"欲论古人或研究古史,而不从事考据,或利用清儒成绩,是舍路而不由。"

二、考证学的特点

朱自清曾论及考据学的起源与特点:"汉晋人做群经的注,注文简括,时代久了,有些便不容易通晓。南北朝人给这些注做解释,也是补充材料,或推演词意。' 义疏'便是这个。无论补充或推演,都得先解剖文义。这种解剖必然比注文解剖经文更精细一层……到了唐修《五经正义》,削去玄谈,力求切实,只以疏明注义为重。解剖字义的功夫,至此而极详。宋人所谓'注疏'的文体,便成立在这时代。后来清代的精详的考证文,就是从这里变化出来的。"①

考据学是古人治学的极致功夫。朱彝尊《经义考》载明末清初陆元辅《十三经注疏类钞》说:"读书必自穷经始,穷经必自汉唐注疏始。然注疏之文汗漫杂出,纷碛隐奥,苦于考据别识之难也。于是发凡起例,为之疏通裁断,部分族居,大而郊庙朝堂之制,礼器乐数之品章以及一事一物,禽鱼草木之微,无不综以纲维,归之条例,于是群经之所有,一披籍而了然,皆可指掌而尽焉。"

吕思勉说:"凡治史,固不必都讲考据,然考据之门径,是不能不知道的;于注释亦应留意;否则所据的全系靠不住的材料,甚至连字句都解释错了,往往闹成笑柄。""前人读史,能专就一事,贯串今古,并博引史部以外的书籍,以相证明,而深求其利弊的,莫如顾亭林的《日知录》。可先读其第八至第十三卷。其包孕史事、意在彻底改革,最富于经世致用的精神的,莫如黄梨洲的《明夷待访录》,卷轶无多,可以全读。清代考据家之书,钱辛楣的《廿二史考异》,最善校正一事的错误;王西庄的《十七史商榷》,长于钩稽一事的始末;赵瓯北的《廿二史札记》,专据集一类的事实,将其排比贯串,以见其非孤立的理象而发生意义;均宜随意泛滥,以知其治学的方法。此等并不费时间。然则我所举第一步

① 　朱自清.经典常谈[M].上海:上海古籍出版社,1999:103.

应读之书,苟能日读一卷,不使间断,为时不过一年余耳。"①赵光贤说:"考证的范围很广,一个字、一句话、一本书、一件事情、一个人物,有时都会有问题,都有加以考证的必要。过去学者对一个字、一句话的正误,一条史料真伪的考订,到一代典章、史实的去伪存真,或分开来做,或合起来做,都可以称之为考证。"②

考据之学与著述之学有所不同。荀悦在《汉纪》卷一《高祖纪》中说:"夫立典有五志焉:一曰达道义,二曰章法式,三曰通古今,四曰着功勋,五曰表贤能。"这是指著述的目的,考据的目的则应该是:(1)考文献文字之正误;(2)考文献史实之然否;(3)考历史人物行事之确实;(4)考历代典章、地理、天文、宫室、服饰、动物、植物、科技等一切文化事项之源流。

清代末年西学东渐,以王国维《宋元戏曲考》,胡适《中章回小说考证》,梁启超作《桃花扇笺注》始,传统考据学学风大变,由经学(朴学)的考据学转为被人们称为"新考据学"的文史考据学。此后整个20世纪二三十年代,考据学及其研究蔚为大观。以王国维提出"二重证据法"为标志,考据学分为传统考据学和新考据学。传统考据学以校勘、辑佚、辨伪、版本、注释、笺证为其基本方法,以文献的语言与事实为基本对象,于词义训释、名物训诂、地理沿革、典章制度、人物事迹甚至包括天文、历算、堪舆等方面,发前人之所未发,纠前人所发之失,这是传统学术研究的一般规律,其学风的本质特点就是"实事求是"。

王国维以后,除实事求是这一根本特点之外,受西学东渐影响,逐渐扩大考据范围,方法创新,形成新考据学。新考据学最重要的特点有三:一是考古学与文献学的综合研究,例如甲骨学、金石学、简帛学、敦煌学等与传世文献的比较互证。王国维运用现代考古学的成果,结合《史记》《汉书》等文献史籍资料,对汉代边塞和烽燧的考实,玉门关址、楼兰及海头城位置的确定,西域丝绸之路的探索以及汉代边郡都尉官僚系统的职官制度的排列等汉晋木简所涉及的一系列相关问题,进行深入而宏通的研究,可以说是"前无古人"。二是文献与文化、社会的综合研究。例如罗常培的文化与语言的互相发明。三是不同学科之间比较互证。例如陈寅恪的文史互证、诗史互证,这种跨学科比较互证的方法,成为20世纪以来学术界最重要的方法之一。

---

① 吕思勉.谈古史的阅读与研究[M]//胡道静.国学大师论国学.上海:东方出版中心,1998:394.
② 赵光贤.中国历史研究法[M].北京:中国青年出版社,1998:134.

第三节　考证学的方法

　　社会科学的研究方法,除自然科学研究方法移植于社会科学研究这种情况外,可以分为三个层面:一是社会科学普遍适用的一般方法。这包括哲学思维方法和逻辑学方法,前者除了唯物主义和辩证法外,还有老三论,即信息论、系统论、控制论;新三论,即突变论、协同论、耗散结构论;还有模糊学、混沌学、分形学等。后者如归纳和演绎法。归纳法是指对具体事物进行总结做出概括性的认识;演绎法,即依据一定的通则、常理以对具体事物做出判断。实际上,做考据离不开分析、综合、判断、推理,大都是兼用归纳、演绎两法的,只不过是由于考据内容的不同,在考据程序的某个阶段,有所侧重而已。第二个层面是学科方法,即利用本门学科来进行研究的,适合本学科的方法。第三个层面是具体的方法,即在进行研究时,所实际使用的操作手段。我们提出,在考据学中,基本方法最重要的是逻辑学方法;学科方法中最重要的则是文献学方法和语言文字学方法。

　　这里必须指出,有些学者认为考据不能成“学”,只是一种方法,这一点是不合乎学术规律的。因为考据本身需要大量其他方法的综合运用,需要借鉴其他学科的研究理论与成果,它自己又有明确的对象与宗旨,有自己的范围和方法,又有悠久的历史。所以,考据学不仅能成学,而且是一门跨多学科、综合多学科的一门实证主义(暂且用胡适所用的这个术语)学科。学科本身是人为的,而且非常后起,又有不少的交叉地带。现代学科如同历史,久合必分,久分必合。越是研究得精细,分科越细密,越是需要进行综合研究。学科融合的趋势与学科分化的趋势既是共时的,也是历时的。从传统考据学的实践来看,历代考据学家运用了不同的研究方法进行文献考据。但大体以逻辑学方法中的归纳法、演绎法和比较互证的方法为主。

一、归纳法

　　考文、考人和考事(广义的)是考据学最主要的三大功能。考文包括考文字和考文献,在确证文献史料的前提下,进而运用比较、分析、归纳、推理等逻辑方法,考察文献记载中所记之事的可信程度,寻求历史的真实面目,这是考据学的基本任务之一。这里,考据学家们用得最多的是归纳法,尤其是以乾嘉学派为代表的清代考据学家,他们往往大量使用归纳法进行考据。其治学方法是先进行大量的阅读,通过读书积累资料,然后发现差异,进行比较,提出新的观点。如果一种观点已经成立,成为学术研究中的公理,则又反过来用这些观点进行演绎推理,考据其他文献。一种观点的确立,一般需要"旁征博引",在大量证据中,又以最原始者,即始见书最权威。他们读书的范围很广,古今经文、诸子百家、杂史野乘、山经地志、表谱簿录、小说笔记、诗文别集、释老异教,乃至于钟鼎款识、山林家墓、祠庙碑碣无不赅备。考据学家使用归纳法,往往发凡起例。如四库馆臣在《四库全书总目提要》中评论顾炎武的《左传杜解补正》一书时盛赞他说:"博极群书,精于考证,国初称学有根柢者,以炎武为最。"又说:"是书以杜预《左传集解》时有缺失,而贾逵、服虔之注,乐逊之《春秋序义》今又不传,于是博稽载籍,作为此书";"凡此之类,皆有根据。其他推求文义,研究训诂,亦多得《左氏》之意"。"炎武甚重杜解,而又能弥缝其阙失,可谓扫除门户,能持是非之平矣"。

治小学者多采归纳之法,清人做学问均由小学始,归纳法随而扩散至他学,亦能成就。反之也相互为用。像钱大昕是著名的清代三大史学家之一。但却总结出音韵学上著名的"古无轻唇音"和"古无舌上音"的规律,这也是用归纳的方法来进行的。

归纳法如果不是穷举或完全归纳的,往往会出现漏略的情况,对此,章太炎曾经讨论过。他在《文始·略例庚》说:"昔王子韶创作'右文说'以为字从某声,便得某义。……及诸会意形声相兼之字,信多合者;然以一致相衡,即令形声摄于会意,夫同意之字,非止一二,取义于彼,见形于此者,往往而有。若'农'声之字多训厚大,然'农'无厚大之意;'支'声之字多训倾邪,然支无倾斜义。盖同韵同纽者,别有所受,非可望形为谳。况复旁转对转,音理多涂,双声驰骤,其流无限,而欲于形内牵之,斯子韶所以为荆舒之徒,张有沾沾,犹能破其疑滞。今者小学大明,岂可随流波荡?《文始》亦有专取本声者,无过十之一二。深惧学者或有锢㩉,复衍为右文之绪,则六书残而为五,特诠同异,以谞方来。"所以,我们认为,某声有某义,是不应该言"凡"的,文字的发展有许多绝缘无佐证的情况,并不是一条直线呈现在研究者和学习者的面前。

二、演绎法

演绎法是从普遍性结论或一般性事理推导出个别性结论的论证方法,是演绎推理在考据中的运用。例如古人著书行文多有例,考据学家们常常通过归纳掌握凡例,再以凡例推而广之。如清人焦循以数学原理中的演绎法施于《易》学研究之中,"以测天之法测易"，"以数之比例求易之比例"，即把天文、数学中的数量关系原则用到哲学领域，寻觅《易》学内部规律与联系，获得突破性的进展。清除了两千年来特别是宋以来对《周易》的许多误解，为从来治《易》的人所不及。

清人在考据文字音义关系的实践过程中，大量采用"因声求义"的基本原理。"因声求义"是指通过语音去研究词义，是传统训诂方法之一。也就是说，我们既可以根据 A 词的语音来系联出与其音近义通的同源词 B、C、D 等，通过 B、C、D 等词的词义来探求 A 词的词义。也可以从 A 词、B 词之间语音相近的关系来确定文字所记录的实际的词语。前者是同源词原理在训诂、考证过程中的重要运用，是前代声训方法的最高境界；后者则求诸声而得通假字的意义。例如王引之《经传释词》卷七："而犹如也""如犹而也"。王氏复引典籍书证："《诗·都人士》：'彼都人士，垂带而厉；彼君子女，卷发如虿。'《大戴记·卫将军文子》篇曰：'满而不满，实如虚；过之如不及。'《孟子·离娄》篇曰：'文王视民如伤，望道而未之见。'《荀子·强国》篇曰：'黭然而雷击之，如墙压之。'皆以'如''而'互用。"这是一个先提出论点然后再推而广之的过程，也是一个从文献归纳的过程。

三、内证法与外证法

内证法即以本书证本书。具体方法是从本书、本文自身提供的各种记述资料发现矛盾之处来进行考据，然后择善从之。即以本书同一部文献中所记录的同一资料的同异进行判断。王应麟《困学纪闻》卷十一《史记正误》条："《秦本纪》：'晋献公虏虞君与其大夫百里奚，以为秦穆公夫人滕于秦。百里奚亡秦走宛，楚鄙人执之，穆公以五羖羊皮赎之。'范太史曰：'《商鞅传》又载赵良之言曰："五羖大夫，荆之鄙人也。自鬻于秦客，被褐食牛。期年，穆公知之，举之牛口之下，而加之百姓之上。"《史记》所传，自相矛盾如此。'朱文公曰：'按《左氏》，滕秦穆姬者，乃井伯，非百里奚也。'"王应麟发现《史记》中关于同一史事的前后记载互异，这便是内证的方法。朱熹的考证也从外部文献说明《左氏》中的相关记载与之不同，这又是外证法。二者结合起来很有说服力。此文献与彼文献之间有可能就是不同学科的文献。梁启超说"以经证经，可以难一切传记，""经证经"是内证法，"难一切传记"则是外证法，是多学科的比较研究。

外证法是指本书以外他书、他文记载的相同文献的语句、文例来证明本文的相关问题。考据学家进行文献考证时，常常将二者相结合，以期求得文献结论的可靠无误。正如王引之在《经义述闻·序》中说："大人又曰：'说经者期于得经意而已。前人传注不皆合于经,则择其合经者从之;其皆不合,则以己意逆经意而参之他经,证以成训。虽别为之说,亦无不可。必欲专守一家,无少出人,则何邵公之墨守,见伐于康成者矣。'故大人之治经也,诸说并列,则求其是,字有假借,则改其读,盖熟于汉学之门户,而不囿于汉学之藩篱者也。"外证法除了文献外,还可以包括一切事项,如三重证据的民俗、传说、图像等,通过其对某一史事加以他证或补证,达到考订实事的目的。考据当中有"孤证不立"的原则,如果一个历史论断只有一项证据支持,而没有旁证,则该项论断不能成立。例如《尚书·无逸篇》有殷代高宗"亮阴三年不言"的记载。孔子把这句话的含义解释为殷代实行"三年守丧制"。此说历代相沿,无人提出疑问。但郭沫若发现,把"亮阴"解为"居庐守丧"缺乏根据,"三年不言"也不合情理。由此对旧解提出怀疑。郭沫若搜集和参考甲骨文中的有关资料,皆无相关旁证,反而发现了与旧说矛盾的记载,得出"亮阴三年不言"不能证明殷代实行"三年守丧制"的结论。他又根据医学知识断定,"三年不言"应是一种不言症。郭沫若的论断最后从甲骨文卜辞中"今夕王言""今夕王乃言"中得到了进一步的证明。郭沫若用旁证法对长期流行的结论提出了大胆的挑战。

外证法和内证法是文献考据的两种最基本的方法。前人总结的二重证据、三重证据、四重证据法也可以被涵盖在内证法和外证法之中。只不过二重证据法、三重证据法、四重证据法之间是互为外证,尚需要结合内证才能正确地考据。

第四节　考证的内容

一、考事之正误

历代文献不外载事载理。考据学考事,是就历史上存在过的事实而"实事求是",这些事实可以见于史书,也可以见于经书、子书和集部书,还可以见于稗官野史、杂记笔乘等。事载文献,文献与事宜考据的结合二者密不可分。因此从这点上看,考史与考事,表面二分,实则一途。但无论考史还是考事,其对象都是跨学科的。

考据学考事的具体操作方法很多,这里以钱大昕为例。汪受宽曾经总结钱大昕《二十二史考异》的考据方法便有专题资料梳理排列法;事实反证法;历日推算法;引文辑植溯源法;据籍里、履历、行踪考定法;据用语、称呼考定法;歧说择优法;方位确定法;据音韵考证名称之实;多重证据法;常识判断法;考而不断法等。魏鸿指出钱大昕《二十二史考异》的历史考证方法有比较法、求源法、钩稽法和归纳法。比较法通过校勘发现问题,再由歧说择优的原则判断正误;求源法从探求史源入手,一方面据史源以证史料转引之误,一方面借史源以推断现有史料的可信程度;钩稽法讲求由此及彼地追踪史料信息,辨正疑误;归纳法则用归纳类比等逻辑方法推理。

事载文献,考据学凡对文献典籍的"事"进行考察,必当始于源头。一看始见书,二看善本书。今天则还要查考地下出土的文献。古代文献多以手写,其中辗转抄录,必有讹误,文献越早,价值越大。这就是梁启超所说的:"选择证据,以古为尚。以汉唐证据难宋明,不以宋明证据难汉唐。据汉魏可以难唐,据汉可以难魏晋,据先秦两汉可以难东汉。"这里我们应该补充一点,其逆过程也是有的,这是因为前代的书亦有未经考据之处。而后代的书经过考据,则亦可能反倒是"后出转精"。

二、考事之有无

古代文献,论理之外,不出记人记事。事之正误,事之有无,有不少经不起推敲。要充分论证,就得用考据之法。这里举王充《论衡·书虚》篇的例子。王充说道,有文献记载"颜渊与孔子俱上鲁太山,孔子东南望吴(闻)〔昌〕门外有系白马,引颜渊指以示之曰:'若见吴昌门乎?'颜渊曰:'见之。'孔子曰:'门外何有?'曰'有如系练之状。'孔子抚其目而正之,因与俱下。下而颜渊发白齿落,遂以病死"。颜渊死的原因是"精神不能若孔子,强力自极,精华竭尽,故早夭死"。这种说法得到世人的赞同,但实际情况并不是这样。王充进行了充分的考据。

(1)文献考据。王充说:"《论语》之文,不见此言。考《六经》之传,亦无此语。夫颜渊能见千里之外,与圣人同,孔子诸子何讳不言?"

(2)从事理上分析。王充认为,一般人能看到的,不过十里之远,超过这个距离看不见,不是因为不能"明察",是距离远的缘故。

(3)与实际情况比较。如泰山很高,能看很远,但一百里之外,也就看不见了。鲁国距离吴国,有一千多里,哪怕让离朱看,也还是不能看见。离朱又叫离娄,《庄子·骈拇》、陆德明《释文》引司马彪曰:"离朱,黄帝时人,百步见秋毫之末。一云见千里缄锋。《孟子》作离娄。"离朱不能看见,何况颜渊呢? 人眼睛看东西是"物大者易察,小者难审",即使让颜渊从吴昌门看泰山这样的庞然大物,尚且不能看见,何况从泰山看吴昌之门呢?

（4）推论。不仅颜渊看不见，即使是孔子也不能看见。怎么证明呢？王充用耳朵的听力来证明。"耳目之用，均也。目不能见百里，则耳亦不能闻也。"并引陆贾的说法说："离娄之明，不能察帷薄之内；师旷之聪，不能闻百里之外。"吴昌门和泰山之间的距离既不是帷薄之内，也不是百里之外，是非常远的。

（5）结论。"今颜渊用目望远，望远目睛不任，宜盲眇，发白齿落，非其致也。发白齿落，用精于学，勤力不休，气力竭尽，故至于死。"

可见，古人考一事，要从文献、事理分析，用同类事物比较。最后才得出结论。比较的功夫，是考据的重要方法。

三、考说之然否

古人记事，常常经不起推敲。古人撰文亦然。古代议论文章多以事证，所叙之事、所记之人、所发之论有时近于"编造"，需要进行考据。还有的是古人没有读懂前代的文献，理解上出现偏差，亦需要进行考据。还是举王充《论衡·书虚》的例子。《左传》有载："齐桓公负妇人而朝诸侯"，这是指齐桓公极端淫乱无礼。但是桓公在大朝时，"方修士礼，崇厉肃敬，负妇人于背，何以能率诸侯朝事王室？"王充提出了自己的疑问，然后进行考据。

（1）历史事实的比较。葵丘会盟时，桓公显出骄矜之情，于是九个诸侯国都因此而背叛齐国，"况负妇人淫乱之行，何以肯留？"

（2）事理的驳论。有人说出来圆场说，管仲说了，国君背上生疮，没有妇人，伤口不能痊愈，因为诸侯相信管仲，所以有"故无畔者"。王充指出："夫十室之邑，必有忠信若孔子。当时诸侯千人以上，必知方术，治疮不用妇人。"如果管仲为国君讳言，诸侯知道仲为君讳而欺己，"必恚怒而畔去"，根本不可能成就霸业。又有人提出："桓公实无道，任贤相管仲，故能霸天下。"王充认为："无道之人，与狂无异，信谗远贤，反害仁义，安能任管仲，能养人，令之成事？"再进一步推理："桀杀关龙逢，纣杀王子比干，无道之君莫能用贤，使管仲贤，桓公不能用；用管仲，故知桓公无乱行也。有贤明之君，故有贞良之臣。臣贤，君明之验，奈何谓之有乱？"

（3）比较证明。有人提出驳难："卫灵公无道之君，时知贤臣。管仲为辅，何明桓公不为乱也？"王充认为："夫灵公无道，任用三臣，仅以不丧，非有功行也。桓公尊九九之人，拔宁戚于车下，责苞茅不贡，运兵攻楚，九合诸侯，一匡天下，千世一出之主也。"根据这些考据,王充认为齐桓公"负妇人于背,虚矣"。考据不仅要较,还需要立。那么,怎样理解"负妇人而朝诸侯"的历史记载呢?王充先引文献,传《尚书》的人说过"周公居摄,带天子之绶,戴天子之冠,负南面而朝诸侯"的话,然后指明,"负南面乡坐,在后也"。是说"桓公朝诸侯之时,或南面坐,妇人立于后也。世俗传云,则曰负妇人于背矣。此则夔一足、宋丁公凿井得一人之语也"。这样,有理有据,将前人史书记载的近八百年冤案翻了过来。

(4)考时之矛盾。文献记事,不离其时。但是古人文献中"时"的记述不一定可靠,需要进行考据。《史记·留侯世家》记载:"留侯张良者,其先韩人也。大父开地,相韩昭侯、宣惠王、襄哀王。父平,相釐王、悼惠王。悼惠王二十三年,平卒。卒二十岁,秦灭韩。良年少,未宦事韩。韩破,良家僮三百人,弟死不葬,悉以家财求客刺秦王,为韩报仇,以大父、父五世相韩故。"太史公此处所记非常可疑,许倬云先生从两个方面考虑,一是《史记·六国年表》的韩王在位时间,二是《史记》其他部分是否提及张氏父子相韩,当然,后一个问题,《战国策·韩策》也算是基本文献。

据《六国年表》,韩昭侯公元前358年即位,卒于333年。其中,申不害在昭侯八年(351)为相国,卒于二十二年(337)。如此看来,张开地如果相昭侯,只有在昭侯二十二到二十六年(337—333)之间。而一个人如果成为一国宰相,除非如传说中的甘罗,一般会在较为年长的时候,即当在30岁左右。以此推断,则张开地当出生于公元前367年,如果假设他有可能在20岁相国,则他出生的时间当在公元前367到公元前357年。其相韩的时间,如以宣惠王共二十一年(前332—前312)和韩襄王共十六年(前311—前296),则张开地相韩共近40年。张平为相的时间,自然也未必会在釐王在位之初,釐王共二十三年(前295—前273),桓惠王在位三十四年(前272—前239),而张平死于惠王二十三年,即公元前250年。《留侯世家》云张平死后20年,秦灭韩,张良年少,未能在韩为官,则张良出生时间当在张平死前不久,即公元前351年前后,否则将与年少不合。以此,张良和祖父年龄相差超过百岁。正常一代人的年龄差大概在20～30岁,取大数来算,祖孙年龄相差60岁是正常的,如果再放宽条件,则相差80岁,已经算是极限,百岁几乎不可能,更何况古人普遍寿命较短的情况下呢?这是一个疑问。另外一个疑问是,如果张开地父子相韩五世,时间如此之长,几乎近一个世纪,当然是非常重要的人物了,何以在关于战国时期历史的最重要的文献,《史记》其他部分(包括《韩世家》《秦本纪》《六国年表》等)以及《战国策》中却绝未出现过两人的名字,而仅仅出现在《留侯世家》之中?这是很难想象的。

整理了包括张氏父子以外所有文献中能看到的战国时期韩的相国。包括：申不害任职在昭侯时期（《史记》卷十五、六十三）；昭献任职时间无法考证（《战国策》卷二十六）；南公揭任职襄王时期，死于308年（《史记》卷五）；樗里疾在南公揭后相国（《史记》卷五）；韩珉约在306年相韩（《战国策》卷二十八），韩成在韩珉死后接掌相位（《战国策》卷二十八）；韩玘在最后一王相国（《史记》卷八十七），此前还有暴谴约在344年相韩（《韩非子集解》卷十）。由此可见，司马迁的记载是有疑问的。

（5）考地之沿革。在考据学中，要认识到人、事均不离地。古代的一些地名见于文献，后代不知其详。像清人阎若璩不仅精通经史，而且"于地理尤精审，凡山川、形势、州郡沿革，了如指掌"。他所著《四书释地》《四书释地续》《四书释地又续》《四书释地余论》诸书，穷力于古，考辨精实，校正了前人对古地名附会的许多错误，同时涉及四书中的人名、物类、训诂、典制等，被后人称为历史地理学中的佳作。又如戴震对地理考据亦特别重视，据段玉裁《年谱》记载，戴震校《水经注》，开始于乾隆三十年（1765）。这一年夏六月，戴震读到胡渭《禹贡锥指》中所用的《水经注》，引起怀疑，便检阅郦注原书。辗转推求，方知胡渭致误的原因，正是唐宋间《水经注》在传抄过程中"残阙淆紊，经多误入注内，而注误为经，校者往往以意增改"。例如"河水"郦注："北河又东迳莎车国南"，"北河又东南迳温宿国"，戴震指出："北河"皆当作"枝河"，证据是蒙上文"左右枝水"，故当作"枝河"甚明，而今本作"北河"，是后人所改。又如"济水"，《水经》经文"东至北砾溪南"，郦注："又东南砾石溪水注之，水出荥阳城西南李泽，东北注于济，世谓之砾石涧，即经所谓砾溪矣。《经》去济水出其南，非也。"据《水经》所云，水在砾溪之南，济水之北有砾溪。又因注文重列为经，济水之南也有个砾溪水注入济水。经文又妄增一"北"字，误入经文的注文增一"南"字，成了北砾溪、南砾溪，胡渭从之，据经文和误入经文的注文云："上有北砾溪，故此为南砾溪，'石'字衍（按：指郦注中'东南砾石溪水'中的那个'石'字）。"戴震据郦注明言"东北注于济，世谓之砾石涧，即经所谓砾溪矣"一语，说明济水过砾溪之北，即济水之南有一砾溪，不可能有南北两条砾溪，以注文辨正经文，经文也不当云济水"至砾溪南"，恰恰应是"至砾溪北"，类似以上"河水""济水"之误，"书中类此者不胜悉数"。

第七章

古典文献的注释

"注释"是一个广义的概念，包括点、校、笺、释、证、注、译、标点等工作。古人著书，一般不加标点符号，人们在读书时必须对如何断句作出判断。古籍的校勘前已有专论，这一章主要谈一下古籍的注释。

第一节　注释的起源

"注释"一词，北齐颜之推的《颜氏家训·书证》篇有记载：

《诗经》云："参差荇菜。"《尔雅》："荇，接余也。"字或为莕。先儒解释皆云：水草，圆叶细茎，随水浅深。今是水悉有之，黄花似莼，江南俗呼为猪莼，或呼为荇菜。刘芳具有注释。①

刘芳，字伯文，后魏彭城人，撰有《毛诗笺音义证》十卷。记录于《隋书·经籍志》及《魏书·刘芳传》。这里的"注释"就是解释、注解的意思。"刘芳注释"指的就是刘芳所撰写的《毛诗笺音义证》。由此可见，"注释"的含义是为古书(包括旧注)作解释的意思，可以单称为"注"，如果在句子中作名词，则为解释性文辞。

事实上，在隋朝之前，并没有把"注"和"释"放在一起的说法。《尔雅》中有释诂、释言、释训、释宫室、释天等十九篇，全都用了"释"字。清人顾炎武在《日知录·十三经注疏》，记录历代儒学家释经之书名比较详细明了：

其先儒释经之书，或曰传，或曰笺，或曰解，或曰学，今通谓之注。《书》则孔安国传，《诗》则毛苌传、郑玄笺，《周礼》《仪礼》《礼记》则郑玄注，《公羊》则何休学，《孟子》则赵歧注，皆汉人。《易》则王弼注，魏人。《系辞》则韩康伯注，晋人。《论语》则何晏集解，魏人。《左氏》则杜预注，《尔雅》则郭璞注，《谷梁》则范宁集解，皆晋人。《孝经》则唐明皇御注，其后儒辨释之书，名曰正义，今通谓之疏。②

注，指"灌注"的注。汉代许慎的《说文解字·水部》中提到："注，灌也。从水，主声。"从字形上看，"注"本义指将液体倒入容器里，有灌入、流入的含义，如《诗经·大雅》："丰水东注，维禹之绩"；引申义是对字句的解释，张舜徽是这样解释引申义的："注，取义于灌注。文义艰深必解释而后明，犹水道阻塞，必灌注而后通。"但是孔颖达则认为：

---

① 颜之推.颜氏家训集解[M].上海：上海古籍出版社，1980：375.
② 顾炎武.日知录[M].北京：商务印书馆，1934：96.

"注者,即解书之名。但释义之人,多称为传。传谓传述为义……"所以,这又可以得出,最初的"注",含有自谦的意思。只是在后来的发展过程中,"注"成为文本解释的一种通称。

释,汉代许慎的《说文解字·采部》中说道:"释:解也。从采,取其分别物也。从睪声。"①

将"注"和"释"两个字连用,不独颜之推《颜氏家训·书证》篇。稍早的刘宋陶弘景(452—536)撰写的《登真隐决序》中写道:"凡五经、子、史,爰及赋颂,尚历代注释,犹不能辨,况玄妙之秘途,绝领之奇篇,而可不探括冲隐,穷思寂昧者乎?"从"历代注释"这个词可见,"注释"的出现远早于此时期。后来,北齐的颜之推在《颜世家训·书证》、南朝梁刘勰在《文心雕龙·论说》也用了"注释"这个词:"若夫注释为词,解散论体,杂文虽异,总会是同。"

因"注"和"释"均有解释的意思,后人将两字合用,用来泛指对文本进行的解释。如《梁书》:"使制《千字文》,其辞甚美,王命记室蔡邕注释之。"这里的注释的含义是指对《千字文》进行文字疏通。另外,人们对用注释所产生的作品,也常常用注释相称,如"丙丁二事,注释不同,则二家兼载"。这里的"注释不同",指的是对文本所做的解释不同。所以,注释作动词指的是一种行为、活动,作名词指的是这种行为、活动产生的结果。

值得注意的是,在古代,与"注释"同义或相近的词还有很多,如训诂、故、传、记、章句、疏、义疏、正义、音注、解故、训等。其中与"注释"有相同意思的并且使用更广、更具普遍含义的是"训诂"。如《诗》有鲁申公训诂,《苍颉》有杜林训诂,又有《公羊章句》《谷梁章句》……在《四库全书》及其《总目提要》中,"训诂"出现了三千零五十三次,而"注释"却仅出现了一千六百九十五次。

"训"的意思是解说,"诂"是古代汉语的说法。因此,古人所说的"训诂",事实上指的就是解说古代语言中的文字,让读者更加容易理解。传统的训诂学指的就是解释,专门研究并解释文献中字、词、句、篇章的理论和方法的一门学问。

先儒学家注释的古籍品类多,有的是简注,有的是详解,有的侧重于解释词语,有的侧重于义理,有的侧重于史实,有的侧重于杂书,总之注释的内容和方式不尽相同。

注释的产生基于一定的社会背景。中国语言有古今的差异,也有地域的区别,更有

---

① 许慎. 说文解字[M]. 北京:中华书局,1963:28.

雅俗的差别，语言中字的形、音、义也会随着时间和空间的推移不断演变。早在汉代的时候，人们读先秦书籍就产生了一定的困难。据说济南人伏生曾经是秦国的博士，教授《尚书》。汉文帝让伏生传授就是今文本二十八篇。《儒林传》里面又记载了："孔氏有古文《尚书》，而安国以今文读之，因以起其家。"汉人喜欢《楚辞》，在《汉书·王褒传》中说道："宣帝时，修武帝故事，讲论文艺群书，博尽奇异之好；征能为《楚辞》九江被公，召见诵读。"可见，当时社会迫切需要对古书的注释。

《尚书》是春秋以前历代史官所收藏的政府文件和政治论文的选编，虽然具有很高的史学、文学和语言学价值，但是文辞非常生僻难懂。所以汉文帝让伏生来教授《尚书》，孔安国才得以能用今文学习并起家，唐代古文运动领袖韩愈、清末王国维都曾说过《尚书》的语言非常艰涩。

古文，如果没有注释，没有多少人能够分清句读，不会像我们今天读白话文一样了然于心。即使是最有口语性质的《诗经》中的国风，因为有的是歌谣，现在读起来还是有个别地方难以理解："彼狡童兮，不与我言兮，维子之故，使我不能餐兮。彼狡童兮，不与我食兮，维子之故，使我不能息兮。"（《郑风·狡童》）还有，汉朝开国皇帝刘邦的《大风歌》中也是这样："大风起兮云飞扬，威加海内兮归故乡，安得猛士兮守四方！"

所以，不论古文再怎么口语化，但因为时间、语言的演变，文字没有注释，古人又过于追求语言的含蓄及美的艺术，有意识用生僻难懂的字词，现在再回看古文，文字早已变得生涩难懂。再看今文，没必要翻译全文，文章读起来非常流畅，可见注释的产生是意义非凡的。这也是我国文献的注释多于文献作品本身的原因，注释也是这样发扬光大的。

注释是从读者的阅读和理解该作品的可能程度出发。注释的内容是注者从语言文字障碍、历史文物知识、作者的思想、写作目的以及其他方面的因素考虑所注的文本内容。让后世的读者能够读懂古人的文字，理解古人的思想，体会古人的当时情感，这就是注释产生的客观要求和过程。

事实上，有的典籍有多种注释，有的是申发性质的，有的是旧注的解释和补充，或者是纠正旧注的错误，弥补旧注的不足，还有的是立足新的时代，新的角度。所以采用古为今用，古为我用的方法。注释的古书文本，不完全是古书本义的思想，它掺杂了很多注者的思想。这些通通的都是属于注释的范畴，只是体现了注释的不同性质，反映了不同时代的不同要求罢了。后来人们把专门研究文籍注释的内容和方法、探索注释文籍的规律的科学称为注释学，至此，注释学也成了一门学科。

第二节　注释的种类

注释的种类,可以从不同的观察角度去划分。按注者的数量,可分为独注和集注;按注释的主要目标,可分为字词体、音义体、章句体;按注释的时间,可分为首注和补注;按注释的繁简程度,可分为简注和详注;按注释与原文的关系,可分为单行注和随文注;按注释与原作者的关系,可分为自注和他注。

一、独注与集注

一个人或者多人合作注一部书被称为独注,如郑玄的《周礼注》。"集注",顾名思义,就是汇编或综合不同注家对同一古籍的注释,或称"集解""集传""集说""集疏""集证""训纂"等。集注相对于独注来说资料更加集中,可以从其中择善理解,如唐代李鼎祚的《周易集解》。

二、字词体、音义体与章句体

因为注释首要解决的问题是字词问题。字词的形、音、义,是字词体、音义体的基本内容。

字词注主要是解释字词,如郭璞的《尔雅注》、段玉裁的《说文解字注》等,都是解释字词为主的注释专著。

音义也可以被称为音、音释、音注、音训。音义注是以释音为主的,主要为疑难字词注音,有的会兼释语义。如陆德明的《经典释文》、郑玄的《尚书音》等,都是以释音为主的注释专著。

而章句体主要是对句读、篇题、句意、全文大意的诠释,如朱熹的《四书章句集注》、王逸的《楚辞章句》等。

三、首注与补注

首注指的是一部典籍最早的注释。首注的难度性是最高的,因为它是开创性的,《史记》的首注是东汉延笃的《史记音义》,《素问》的首注是南北朝全元起的《黄帝素问注》。

补注是在首注或者其他注本的基础上对典籍的补充。有的将旧注进行解释和补充，有的纠正旧注的错误，有的弥补旧注的不足，还有的是立足新的时代，新的角度，进行的新的注本。所有的注本都是为了帮助读者更加准确、容易地去理解原文的含义，体会作者的思想情感。如清人王先谦的《汉书补注》是对颜师古的《汉书注》的补充，洪兴祖的《楚辞补注》是对王逸的《楚辞章句》的补充。

四、简注与详注

简注，指的是简括地注释原文；详注指的是详尽地注释原文。如《诗经》的《毛诗故训传》非常简括，就是所谓的简注；而王先谦的《诗经家义集疏》，内容非常详尽，可视为详注。

五、单行注与随文注

单行注指的是在正文之外单独写的注文，而随文注，顾名思义指的是注文在正文之中。早期的注释，如《左传》《公羊传》《谷梁传》注《春秋》等注文是注与经单行，单独形成一部书。随文注出现的时期大约是在西汉，如司马迁撰写的《史记》，《三代世表》就是他的自注。随文注对于阅读者来说是比较方便的。将注文放在原文中，免去了翻检的不便，还能让原文和注文相互印证。现在我们看到的大多数都是随文注。随文注中还有一种比较特别的注文，叫合本子注，起源于佛经义书。在当时，同一本经书有不同的译本，后来，人们为了区别，便"以一本为正文，为母；以他本为注文，为子；合而为一以便研寻，于是有合本注之体也"。还有一点需要注意的是，有的书籍的注本也许最初是单行注，但是后人为了方便，在刊印写刻时，便把单行注和原文合并在了一起，变成了现在我们所看到的随文注。

六、自注与他注

司马迁撰写的《史记》，其《三代世表》是他的自注。所谓自注就是为自己的书籍写注文，而为别人的书作注就叫他注。历代的诗词文籍中，时常所见的题注就是属于自注，自注要么是阐述注书的本旨，要么是阐述著作大纲，或者言明文章的背景史实……当然，自注在文章中所占的篇幅并不大，最常见的还是他注。

第三节　注释的历史发展

一、注释史与经学史

人们把专门研究文籍注释的内容和方法、探索注释文籍的规律的科学称为注释学，而注释学这门学科的历史与文籍本身的历史一样悠久。古代的注释史从注经产生和发展，在一定程度上注释史就是经学史。

我国古代的重要文籍，首先是儒家经典，即《易》《书》《诗》《春秋》《礼》《乐》。儒家经典从殷至周流传下来，而注释史也由此产生和发展起来。

《易》又称《周易》《易经》，内容包括《经》《传》两部分。《传》就是《易传》（别称《十翼》），是战国或秦汉时期儒家学家对《易》的《经》所作的注释，也就是说《传》是《经》的注释。

《书》又称《书经》《尚书》，现在《十三经注疏》中的《尚书正义》是《今文尚书》和伪《古文尚书》的合集，是对《尚书》所作的各种解释，也就是对《尚书》的注释。

《诗》就是《诗经》，是我国最早的诗歌总集，编成于春秋时代，共三百零五篇，又有六篇仅有篇名，而无诗文。由，"风"（十五国风）、"雅"（分《小雅》、《大雅》）、"颂"（有《周颂》、《鲁颂》、《商颂》）三部分组成。

《春秋》本为古代史书的通称。列为六经之一的《春秋》相传为孔子依据鲁国史官所编编年体《春秋》加以整理修订而成。《春秋》文辞简短，每于记事中一字以褒贬，世称"春秋笔法"，故《春秋》向为史家所重，为之注释者亦多，今传《左传》《公羊传》《谷梁传》就是最著名的注释。这几种注释由于它们的史学、文学训诂学的价值，也成了后世学者研读的经典。

《礼》在《十三经》中系指《周礼》《仪礼》《礼记》，"六经"中之《礼》即《仪礼》。其书一说周公所制，一说孔子订定，是春秋、战国时代一部分礼制的汇编。今《十三经注疏本》之《周礼》《礼记》与《仪礼》合称"三礼"。

《乐》，早佚。

二、经籍的传授与早期的注释——注释基础的奠定

1. 经籍的传授和子夏在早期注释中所起的作用

孔子教授弟子《诗》《书》《礼》《乐》,在后来的整理和传播《易》作《十翼》起了重要作用,他的弟子子夏也在经籍的注释史中起了奠基之作。在《后汉书·徐防传》中提到:"《诗》《书》《礼》《乐》,定自孔子,发明章句,始于子夏。"以《春秋》为例,《公羊传》《穀梁传》都是子夏传授的;而《礼》对应的就有《丧服传》。此外,子夏能够理解孔子教授的"七观"之义,所以秦汉之际《尚书》的注释,在很大的程度上与《春秋》《诗》一样,与子夏有密切的关系。

2. 早期注释的特点

就《春秋》来说,《春秋》作为经书,而"三传"(《左传》《公羊传》《谷梁传》)都是对《春秋》的注释,但"三传"的内容有所不同。首先《左传》是侧重于史实的叙述,是记录事情的发展经过的史实,而《公羊传》《谷梁传》则侧重于对征言大义的探求,与后来的训诂义理有点类似,但都没有具备文籍注释的典型特点。虽然这"三传"都没有形成早期注释的完整形态,但对后世的注释还是有参考和启发的意义,比如解释经籍词语、补充史实、探求征言、分析义理,都可以从三传中找到渊源。

早期注释相对完备的是《诗》毛传。每篇诗前的小序,意在揭示主题,正文后括号中为词语注释。如"《伐檀》三章,章九句",就是毛传章句的划分。而正文中如"彼君子兮,不素飧兮?(熟食曰飧)"括号内就是词语注释。当然毛传中的注释方法远不止这一类,还有注释词义、注释句义、揭示义理、概括主题等。毛传完备的注释内容和灵活、科学的注释方法是古代注释的代表。

《春秋》三传和《毛诗诂训传》是我国早期注释的代表,奠定了注释学的基础,一定程度上反映了我国的注释学在早期的内容和方法上达到了一个可观的水平。

三、东汉——注释的繁荣

从周到西汉的注释学的基础已经奠定,到了东汉,在官方的提倡下,注释学进入了一个蓬勃发展的时期。东汉的注释名家有二十余家,如卫宏、牟长、李育、杜林、郑兴、杜子春、郑众、杜抚、贾逵、王逸、许慎、服虔、马融、郑玄等大家。

东汉注释普遍的特点有：一是注释范围的扩大，虽然东汉的注释仍然是以五经为主，但是注释范围扩大到了子书、史书、文集，如《论语》《汉书》《吕氏春秋》等；二是注释逐渐深入，注释深入的主要标志是经注的注释，如《毛诗故训传》郑笺，有的是解释没有详细注释的地方，有的是补充没有完善注释的地方；另一个标志是驳难的出现，关于注释论争的激化；三是集注的出现，集各家注说于一书，使注释建立在有充分依据的基础上，提高注释的可信度，为读者提供丰富的可参考的注释材料；四是集大成者的产生，学术的深入和发展推动了集大成者的产生，出现了遍注群经的一代宗师，如马融、郑玄等人。

然而，汉世注释的流弊：一是繁琐寡要，注释文繁琐，而要点非常少；二是妄说经义，文中掺杂了不少讲灾异、天人感应等成分。

但总体上说，汉代的注释学已经成熟，已经开始将形训、声训、义训的注释方法综合运用，注释的范围也扩大到了史书、文集等，注释的形式也出现了集注，这些都为后来的注释学奠定了良好的基础。

四、魏晋南北朝——注释的深入和全面发展

汉末，注释学一度成为郑学的天下，从魏至隋，注释学又因为王肃反对郑学，形成新的对立局面，后面又有了北学和南学的对立。虽然这个局面显得非常混乱，但事实上，这反而促进了注释学发展的深入。

这一时期经籍注释的深入表现在：一是王学与郑学，南学与北学的对立，即上文提到的王肃反对郑学，至于南学和北学的对立指的则是南朝北朝学派的对立；二是援老庄入儒学，以玄理入注释，因为魏晋南北朝战争的频繁和政权的更迭，文人士大夫借助注释经籍阐发自己的政治主张、哲学思想，将老庄思想和玄学融入注释学之中；三是自然科学注释的兴起，魏晋以后，注释学进一步扩大了范围，开始涉及自然科学，如《方言注》《黄钟算法》《本草注》等著作的出现，为我国数学、医药学、音乐学、语言学等学科的发展作出了巨大贡献；四是佛经注释的活跃；五是注释方法和体例的创新。

五、唐——经典注释的统一与"文选学"的形成

1.经典注释的整理和统一

魏晋南北朝的混乱局面过后，是唐朝的大统一，政局相对稳定，文艺事业发达，虽然

注释学的大家较之前比较少,但注释学的经注整理趋于统一。陆德明的《经典释文》是唐代注释学的重大收获,成为注释学的经典。

2. 开怀疑经传之风

唐代大多数的经注都是趋于因循保守,但还是出现了啖助、赵匡、陆淳等人反其道而行,开宋儒怀疑经传学风,为注释学增添生气,使其意义更加深远。

3. "文选学"的形成

梁昭明太子萧统选辑先秦到梁的诗文辞赋和史书中文辞优美的论赞,成为一书,名曰《文选》,又称《昭明文选》,是我国古代现存最早的诗文总集。

《文选》的注释在唐初有曹宪《文选音义》,曹宪开创了"文选学",后面他的弟子公孙罗和魏模、李善等人在他的学术上继承和发展了"文选学",使其一度盛行。《文选》是文章的源头,善注又是注书考证的资源,这使得唐代在注释学上继承了汉代注释的优良传统,被后世所重视,世人往往谓之汉唐旧注。

六、宋——注释学的变故革新和《诗》的解放

1. 注释学渗透理学

上文提到初唐时期啖助、赵匡、陆淳等人开宋儒怀疑经传学风,到宋时,注经直接变成了宋代学者用来阐发政治主张、哲学思想的手中的工具和材料。恰巧这个时期,宋人理学以朱熹、陆九渊为代表的理学家构成了一套完整的唯心理论学体系,理学家们借助注书来阐发他们的理学思想,而他们所撰写的理学著作又成为他们研究和注释的对象。

2. 还"诗"以本来的面目

《诗经》是我国文学史上的珍宝,而在毛传郑笺后的诗者将《诗经》当成圣经,使《诗经》的注释和研究走上了歧途,从《诗经》的革新到整个注释学的革新是整个宋代学者的普遍要求。

3. 对考据的重视

宋人怀疑经传的习惯,展示了他们自由研究的学风,把怀疑建立在对各种相关资料的研究基础之上,通过辨析、探讨、比较,这便成了考据。

4. 对金石书画的注释

中国封建时代的文化,到唐宋已经发展到很高的程度了,涉及自然科学、社会科学、文学艺术等相关的著作极多,注释学的研究范围也继续扩大,对金石书画的注释也开始

涉及,如赵名诚的《金石录》、欧阳修的《集古录》等。

5.诗文集的注释

宋人的注释不仅涉及金石学,对诗文集的注释流传至今的也有很多,如李白、杜甫的诗文集。

七、明——经注的衰微

明代沿袭宋学,注释的运用与元代类似,经注只是在元人的注释成果的基础上做了一次统一,出现了《尚书大全》《周易大全》等"大全"之作,这些"大全"大多是元人杂糅注释于一书的,在注释史上没有出现影响较大的名家或著作。至此,明代的注释学在注释史上是处于衰退时期。在明代,还是出现了有一定注释学价值的著作——《本草纲目》(中药学的集大成著作),本草纲目虽然是医药学的著作,但是书中对药物的研究整理对注释学是很有价值的。

八、清——经学的复兴和注释学理论的发展

我国的经学由发展到两汉繁荣、宋明两代的衰微再到清的复兴,都是以注释经典的情况为标志。清代著名的经典注释有刘宝楠的《论语正义》、焦循的《孟子正义》、江声的《尚书集注音疏》等。明人学术的空疏和清廷政治的高压,造成了考据之学的发展。考据之学在清代得以产生,在明代乾嘉后盛极一时。注释理论和方法的进步以及基础研究也得以深入。

第四节　注释的内容和方法

一、注释的内容

文献注释的目的是帮助人们正确地掌握原文,消除理解中的各种障碍。障碍包括字形、语音、词汇、语法、修辞、文本、历史文化、规章制度等,这些就是注释的内容。

1.辨字形

排除语言文字障碍是注释的主要任务。汉字的形成,不管是象形、指事,还是会意、

形声,都与意义密切相关。形成过程发生了许多变化,从甲骨文、金文、到大篆、小篆,再到隶书、楷书,每一次变化都会影响古籍的符号记录系统。另一方面,古代汉字书写和使用规范与现代不同,加上古今字、通假字、异体字等复杂现象的存在,流传过程中抄写错误等,想要真正理解古书内容难上加难。因此,文献注释中的字形辨析是很重要的内容。例如,《左传·昭公元年》:"于文,皿虫为蛊。"杜预集解:"皿器受虫害者为蛊,久积则变为飞虫,名曰蛊。""蛊"是会意字,从形体上分析,可以看到上虫下皿,器皿中有虫。分析之后,可以清楚了解这个词有"虫害""飞虫"等意思,此外,还可以了解这些解释的理据。

辨字形也包括解释古今字。比如《春秋·庄公元年》:"三月夫人孙于齐。"《谷梁传》:"孙之为言,犹逊也。"范宁注:"孙,逊遁而去,讳奔也。"孙的原本意思为孙子,后来引申出谦逊、逃避等义,孙加辵,写成逊,以区别本义。孙、逊属于古今字,这里对二者的解释,是为了说明这种关系。

辨字形还有解释通假字。比如《春秋繁露·竹林》:"所救已解,如挑与之战,此无善善之心,而轻救民之意也。"凌曙注:"官本云:'他本如作而。'卢云:'古而如二字通用。'"由此可以看出,古人认为二者可以通用,我们现在看来可能会觉得奇怪,这是因为在古代,人们认为"而"字在日纽之部,"如"字在日纽鱼部,二者古音相近,可以通假。

古代为了维护等级制度的尊严,说话或写文章时遇到君主或尊长名字相同的字,都不直接说出或写出,以表尊重,而用其他形式,如换字、改音、缺笔来代替,这种制度称为避讳。避讳制度下产生的字容易被人误解,这也是注释的内容之一。《汉书》中提到:"依老子、严周之指著书十余万言。"颜师古注:"严周即庄周。"严周和庄周是什么关系呢?原来汉明帝叫刘庄,而庄周的姓,即庄犯讳,为了避讳,改成了"严"。汉代的庄君平也因为这个原因改为严君平。如果没有注释的话,我们可能会错误理解严周与庄周、庄君平与严君平,当然对文本的理解也会有偏误。

文献在流传过程中有时会发生讹变,阅读时如果没有察觉,就会错上加错,影响后续文献研究。《淮南子·览冥训》提到:"火炎而不灭,水浩洋而不息。"对此,王念孙则认为:"炎当为焱字之误也。"《说文》:"焱,火华也。《玉篇》:'弋赡切。'《广韵》:'爓,力验切','爓焱,火延也'。《太平御览·皇王部三》引此作爓焱,与《广韵》合。洋当为漾,亦字之误也。《玉篇》:'漾,弋沼切'。司马相如《上林赋》:'灏溔潢漾。'郭璞曰:'皆水无涯际貌也。'左思《魏都赋》:'河汾浩汦而皓漾。'李善注引《广雅》曰:'皓,漾大也。'灏、皓并与浩通。《御览·地部二十四》引此作浩、漾。《皇王部三》引此作皓、漾。爓焱、浩漾皆口韵,浩洋则非叠韵,盖后人多见炎洋,少见焱漾,故焱误为炎、漾误为洋矣。"我们可以看到在流传过程中,"燫焱"变成了"燫炎","浩漾"变成了"浩洋"。王氏虽然考证精核,论说精确,但仍有很多注本沿袭旧本的错误。在文献注释的辨字形中,如果是讹字的订正,在注释中应说明是某字之讹变,如果是异体字的订正,在注释中还应说明正体。

2. 注读音

汉字历史悠久,古音和今音有很大的不同,注音是一项复杂的工作,还有一字多音、变读、破读的情况,因此,注释非常重视注音。目前我们可以看到古籍的注音,一般是注在正文之中或附加在一卷或全书正文之后。古代注音方法有很多,普遍使用的方法主要包括譬况、拟音、直音、反切。

譬况注音是中国最早使用的一种注音方法,是指描述性的话来说明汉字的发音情况,包括口势,舌位,气流急缓,声调长短等,《淮南子·修务训》:"胡人有知利者,而人谓之駤。"高诱注:"駤读似质,缓气言之者,在舌头乃得。""缓气言",指的就是发音时气流要平缓。

拟音法是用同音字或近音字给某字注音。常用"读若""读如""读为""读曰""读与某同"等术语表示。比如《坤·文言》:"为其嫌于无阳也,故称龙焉。"郑玄注:"嫌,读如群公慊之。"意思是"嫌"的读音与"慊"的读音相近。

直音法是直接用一个与被释字读音完全相同的汉字来注音。如《周礼·天官冢宰·庖人》:"史四人,贾八人。"陆德明《释文》:"贾,音古,又音嫁。"即用"嫁"直接给"贾"注音。直音法能清楚地表示发音,但是如果被注的字没有同音字,或被注的字的同音字很生僻,即使注了音,被注的字一般还是难以拼读出来。

反切法是两个汉字来给另一个字注音,也可以称为"反语""反音"。用于反切的两个字,前一个字叫反切上字,简称切上字或上字,后一个字叫反切下字,简称切下字或下字。具体来说,反切法是切上字的声母和切下字的韵母拼出一个新的读音。其格式为:X,XX 切或 X,XX 反、X,XX 翻。"切""反""翻"都是"相拼"的意思。唐宋以来,统治者很忌讳这个"反"字,"反"即"造反",于是用"切""翻"来代替"反"字。比如,《汉书·翼丰传》:"六情更兴废。"颜师古注:"更,音工衡反。"更、工声母和清浊相同,更、衡韵部和声调相同,所以"工衡"相拼,就可得出"更"的读音 gēng。古书注释中也常出现多音字,一般用"又 XX 切(反)""又音""如字"表示。如《尚书·尧典》:"日中,星鸟,以殷仲春。"陆德明《释文》:"中,贞仲反,又如字。"意思是这里有两种读音。"贞仲反"是指"中"

是读去声的,但有人也读本音,两种读音并存,注释时常用"如字"表示。

3. 释语义

对于注家而言,释语义首先要解释的是词汇的意思。如《左传·昭公二年》:"武子曰:'宿敢不封殖此树,以无忘《角弓》!'"杜预注:"封,厚也;殖,长也。""封"有堆土的含义,解释为"厚",指加厚土壤;"殖"有生长的含义,解释为"长"。通过杜预的注释,我们能够明白"封殖"的含义。其次,注家还注重揭示词汇的形态。如《尚书·禹贡》:"杶干栝柏。"伪孔传:"柏叶松身曰栝。"这里描绘了"栝"的形态特征。

通过观察释义与文本的关系,我们可以发现注本所解释语义,包括词汇意义与语境意义。语境意义是指在特定语境中词语的意义及其用法。《国语·周语》:"夫兵戢而时动,动则威。"韦昭注:"戢,聚也;威,畏也;时动,谓三时务农,一时讲武,守则有财,征则有威。""戢,聚也;威,畏也"解释了词的意义,离开这个语境,这个意义也依然独立存在。而"三时务农,一时讲武"等,是随语境变化而变化。离开了这里的语境,它的意义则不同了。

4. 析语法

古书注释中常用"辞也""语辞""决辞""疑辞""问词""连及之辞""转语辞"等来说明词语的语法类别、语法功能、语法结构。如《周易·丰》六二爻辞:"有孚发若,吉。"王弼注:"若,辞也。""辞也"是用来表示虚词,说明"若"是虚词。再如《左传·昭公二十九年》:"晋赵鞅、荀寅帅师城汝滨,遂赋晋国一鼓铁,以铸刑鼎。"孔颖达正义:"遂者,因上生下之辞。""遂"是用来说明其承上启下的句法功能。古汉语语法与现代汉语语法不同,今人不明白古人说话作文的习惯,也不能读懂相关文籍。注释时辨析古今语法是很重要的。

5. 明修辞

由于古书没有标识疑问、反问语气的符号,给修辞做注是有必要的,否则所理解的意思与原文不符。

6. 解章句

解章句主要是辨析句读疑难,还包括对原文篇题、句意、段意、全文大意篇章结构的说明。

7. 考史实

有些古籍行文简洁,事件的细节、背景很多时候不会标明,一般读者难以准确理解。

古注也常在史实考证和补充上下功夫,比如《春秋》三传、裴松之的《三国志注》、郦道元的《水经注》等。此外,古人写文喜欢用典故,注释时需加以说明。

8. 训典制

由于历代的典章制度纷繁复杂,变化多端,注家们十分重视这方面的注释。如《仪礼·大射仪》:"大射之仪,君有命戒射。"郑玄注:"将有祭祀之事,当射,宰告于君,君乃命之。言君有命,政教宜由尊者。"郑玄在这里说明了大射仪式的程序。

9. 发凡例

古代注释,也对隐含在原文中的体例进行标注。如《诗经·邶风·谷风》:"习习谷风,维风及雨。"毛传:"兴也。风雨相感,朋友相须。""兴也",一词说明该诗表现方法的类别。《春秋》开篇一般都是:"元年,春,王正月,公即位。"但鲁隐公、鲁庄公元年均未提"公即位",相关原因我们可以在《公羊传》中找到,《公羊传》发掘《春秋》笔法,让后人理解大量隐含在文字中的意义。

10. 溯原委

古代文献有时因为事件成因复杂或有隐情,避而不谈,或文体局限,导致内容简略,读者很难理解,古人也往往在注释中对这类文献给予补充说明。例如《春秋·宣公二年》:"秋,九月乙丑,晋赵盾弑其君夷皋。"而《谷梁传》对赵盾弑君这个事件进行补充说明,对比这两个文献对此事件的描写,我们可以看到《春秋》的记载与史实不符,而《谷梁传》的补充说明让我们看到了史家在故意指责赵盾的失职。读者如果仅按照书面意义去理解,就有违史实。

二、注释的方法

在汉代时,人们用汉代语言为先秦作品作注,唐宋时期,人们注秦汉典籍是根据唐宋人的理解。他们的注释实质都是化古为今,化抽象为具体的。那么他们的注释方法具体是什么? 接下来我们将展开讨论:

1. 形训

形训是指通过分析汉字结构解释意义,即通过分析象形、会意、指事等造词方法,来阐述字形与字义的关系。

形训分析包括字形构件分析和相关形体分析。《说文解字》是很重要的形训书籍,它注重解说文字形义,后人对字形的分析大多以此为基础。但是,由于古代人们看到的字形有限,造字原意难说,无论是《说文》还是其他注释文献,都可能有错误,我们在阅读相关文献时需结合近发现的古文字资料。

2. 音训

音训,也称为"声训",指用音同、音近字来解释词义。

人类语言史上音义关系比字义的关系要悠久得多。参考大量韵文资料、语音相关资料,我们会发现汉字中表音的形声字比例是极高的。音训注释方法也正试图突破字形局限,帮助人们借助音义联系去解读文献。音训包括同音相训、音近相训两种方式。释字词与被释字词读音完全相同是同音相训,而音近相训指的是训字词与被训字词的声类或韵部相同或相近。

许多形声字除了形符表义,声符也表义,这种现象的出现原因是同一声符记录了同一组同源词。因此,古注也通过分析声符来说明字词义,但这并不代表所有的声符都和字义相关,还有些声符只是单纯记音。

按照训释字词间语义关系来看,音训还包括同源类与通假类。同源类的训释字词间存在意义联系,通假类则没有。

3. 义训

这种注释方法以字义为主,即用今语或通用语解释古语词或方言词的意义。义训包括直训、同训、互训、递训等方式。直训是指用词义相同或相近的词直接解释另一个词,还可以训释两个或两个以上的词语。同训是指同一个词训释几个意思相同或相近的词,格式为 A、B、C、D 也。互训是指意义相同或相近的词互相解释,格式是:A,B 也;B,A 也。递训是用几个词义相同或词义相近的词传递解释,格式为 A,B 也;B,C 也;C,D 也。义训历史悠久,古书中的注释和字书、辞书中的解释通常为义训。

4. 词语对译法

词语对译法也称为语词法、对译法。在对古人的多义单音词注释时,其在特定语境中的单一意义要解释出来;古人的复音词、多音词在现代有对应的话,要用现代的复音词、多音词来解释。这就是词语对译的过程,经过了这样的步骤后,今人阅读文言将如同阅读白话文。例如,《三国志·诸葛亮传》:臣本布衣,躬耕于南阳,苟全性命于乱世。周大璞等的《古文观止·前出师表》对此的注释主要是运用这个方法。例如:布衣:平民。躬耕:亲自种田。

此外,也可以以所释语词代替被释语词,但这样的注释多为随文释义。

词典的义项具有概括性、普遍性,这和随文释义的注释不同。古文随文释义虽然有不科学的部分,但如果将随文释义与词典的义项结合起来,也不会使读者发生误解。词语对译式的随文释义有时就是词汇义,词典义项。词语对译法还常用单字。单字释义虽然准确,但是这些单字本身的含义不是单一的,可能会使读者发生误解。

词语对译法除了用单字,还可以用多字释一字。在对译过程中,应该要充分考虑语境,读者才能更好地理解文章的内容。

5.定义说明法

某些词,尤其一些术语,古今没有对应的词语,因此不能用同义词来解释,需要说明概念。这种注释方法称为定义说明法。我们通过这种方法作注时,要注意定义要反映事物一般属性和本质属性,才会比较准确。现代注释也可以将一些古注改造为新注,当然,这种情况要具体分析,不是所有反映事物一般属性和本质属性的定义都需要作注。

古人作定义时有时比较随意,例如先秦诸子著作中,"仁"这个词,是人们根据自己的思想观点随文作出的。除了哲学、政治概念可以作定义外,普通词语也可以作定义,但是单字的注释,要用定义式比较好。

6.相近相关概念比较法

词典中释相关连的相近词语时应注意平衡与统一释义,这要求编者先进行全面研究,再解释它们之间的异同。这些词是相似的,但它们的相关或相似程度是不同的。有的是同义词或近义词,有的词性质和属性相关,但就严格上来说,它们不是同义词或近义词,它们可能只是引申义上有一定的联系、或同义或近义。这类词语来源往往相同或相似,注释者一般同时注释一个词语和另一个词语,甚至几个词语,这样的注释是复合句,包含了两个甚至两个以上句子。复句的组合使注释词成为一组比较概念,在比较中表现出相似性和差异性。这种注释方法称为:相近相关概念比较法。

旧时注释一般用"曰""为""谓之"来辨析相关或相近词义,前面是释语,后面是被释词,被释词以近义词为主,这种结构是最易常见的形式,格式为:……曰 X,……曰 X;……为 X,……为 X;……谓之 X,……谓之 X。

大多数相似或相关的词是对称的,前后句的意思相互补充,因此词的意思更加完整。比较内容,即辨析的途径包括对象、方位、数量、大小、工具、时间等,有很多方法来辨析这些词异同,可以细分。如果在解释文学笔记时稍有疏忽,所传授的知识可能不够完整。

第五节 注释的意义及其他

一、注释的意义

注释是整理古籍的重要工作之一。注释能沟通古今,帮助我们读懂古文献;而注释学也给予整理古籍的注释工作正确的理论指导,对于古籍整理都至关重要。许多文献距今久远,文字、语音、词汇等,都可能发生了翻天覆地的变化,因此,利用好注释,我们将能更好理解原文。目前语文教学、大学里古典文献的教学,也与注释密不可分,相关教学能为学生学习和研究古籍打下基础。清人陈澧指出:"有训诂则能使古今如旦暮;所谓通之也,训诂之功大矣哉!"由此可以看出注释的重要性。

注释有助于我们了解古代学术文化的历史。它不仅是一种辅助方法,也是古人表达思想、学术取向的一种途径。《四库全书总目·易类·小序》提及《易》说繁衍发展的景象,这不仅是注释史,也可以说是学术史。

注释对丰富史料、熟悉典章制度还具有重要意义。《春秋》仅三千字却记载了两百四十二年的历史,但是内容不详。《左传》《公羊传》《谷梁传》字数上万,提供了大量具体的史料。有了三传,我们今天能更加容易读懂《春秋》简略的语言。

二、注释中的问题

注释应注意严谨,才能引导人们理解文献思想内容,想要达到注释目的,那么需要避免以下问题:

1. 妄说义理

妄说义理指的是人们从一些先入为主的观念出发,曲解词语的意义。古人注重为古文献作注,还会阐述某个词句的思想内容。注释者对词义要有准确的理解,才能阐述得正确,读者也才能正确理解文章思想。否则,就可能造成妄说义理。我们在文献中可以发现,古人有时为了维护封建伦理道德,注释者往往会曲解一些不符合规范的著作的词义,例如:郑玄将"诱"训为"导"。为了避免这个问题,注释时要立足于语言的事实。

2. 文以载道

文以载道是指赋予某些词语政治思想观念。古人在解说词义时也会加上一些政治说教的成分，使得造字思想如同哲理。"文以载道"和"妄说义理"在本质上没有多少差别。二者都有离开语言本身，来阐述某种观念形态。这种方式会破坏语言学的科学性，注释时要避免。

3. 不辨真伪

不辨真伪是指不了解被注字词的意思而为其作注。我们在进行古籍整理，文献注释工作时，首先要明白他们说话的本意，如果连意思都不了解，为误字、衍字作注，将会闹出很多笑话。为误字、讹字作注较为普遍，不管是《说文解字》还是《康熙字典》或各种文籍传注，都未能避免这种情况。因此我们学习古代汉语知识，甚至为古书作注，要能够辨别这个现象，可以阅读一些考校方面的文章和著作，如段玉裁《说文解字注》、王念孙《读书杂志》、王引之《经义述闻》、俞樾《古书疑义举例》等，尽量减少差错，尽可能做到既不诬古人，也不误导今人。

4. 误虚为实

误虚为实是指把虚词，即无实义，仅有语法功能，表示语法意义的字当作实词。虚词在实词基础上产生，而虚词的意义有时又源于实义，加上古代虚词概念理解尚浅，所以在文籍注释中就有了以实义释虚字的现象。

5. 拆骈为单

复音词在古代称"骈字"，包括复合词、联绵词，一般是不可分训。由于古代汉语以单音节词为主，加上古人的字词理念不够清晰。因此，在注释时，容易出现拆骈为单的现象。联绵词由两个音节连缀组成意义，这两个字不能分开，分开一般不能表达意义，或者其中的一个没有意义，如"蝴蝶"。而有的注家在注释文籍，先将这类词分开先当作单音节词解释，再合起来解释，这种方式是错误的。

6. 扩大范围

词汇学的释义包括释词义和释词素之义，不可随意扩大释义范围。但这种现象在古人文籍传注中经常看到。扩大范围包括以下两个方面：

A. 把复音词义作为单字（词）义；

B. 词义之外释句义，即释词义带进上下文义中。

词典释义或随文释义在超出词义的具体所指情况下，需进行说明，避免产生误解。

7. 不辩古今

在古籍注释中，需要关注的是释义不能以史的观念来研究词义的演变，古人对语义的研究以先秦文献为主，重古轻今的倾向明显，这使得在历史发展过程中产生的新义基本得不到关注。不辩古今，不仅是对古人诽谤，文献的本义也不能正确反映出来。时代进步，社会发展，词义也随之而变，整理古籍还需了解词义演变的历史轨迹，例如：词的本义、引申，引申时间，新义，新义出现消失时间。了解词义，甚至注释古书，需借助辞书，准确解释。

8. 众字一释

众字一释是指古代词典汇集经籍作注时，将同训字排列在一起，解释它们共同含义，这类书籍例如《尔雅》《广雅》，《尔雅》是我国第一部词典，在整理训释，按类别字义编排上，它有很大成就。

古代汉语单音节词的词义是多变的，词义的引申也很复杂，词义既有正反两方面的含义，甚至假借，即使是训诂学家们也难以统一观点。另一方面，众字一释也不能揭示被训字的区别性特征，我们在研讨古汉语词义和进行古籍整理时，我们应该注意：如果有例子可证明，可承认该词确有某义，但无例句证明的，我们也应对其训释持怀疑态度。

9. 单字为训

古代汉语以单音节词为主，古人作注的方式通常为一字释一字。但单字为训会导致有些字辞书籍不辨其义。因此，不少字典辞书采取多字释一字方式，这种情况前提是：所用单字含义单一或不可能引起歧义。王力先生曾说："若要避免'浑言'，必须先尽量避免以一字释一字。"我们要客观看待这种注释方式，认识到它的作用，也要指出它的局限。

10. 滥用声训

声训是我国训诂学的重要手段，解决了注释中的很多问题。但是声训的滥用是存在的，甚至是错误的，比如《说文》中：酒，就也，只是音相近，并未解释字义。强调声音的作用，还要考虑词的结构和词性以及上下文。

第八章

古典文献的整理

古典文献的整理是百余年以来文献学新的内容,所谓"新"是整理的方法新、理念新、成果新。随着古籍影印技术的成熟,古籍也能化一为千,但利用率并不高,这就需要对古籍进行整理,提升利用率,为学术服务。

第一节　古籍整理的历史

中国古籍浩如烟海,汗牛充栋。为了继承宝贵的文化遗产,历朝历代都对古籍文献进行了深入的整理。辛亥革命以后,中国进入近现代社会,思想文化也焕然一新。由于白话文的兴起,文字、语言、文体发生了巨大变化。自 1911 年至今的百余年间,中国学术界和文化界开展的古籍整理运动,是一场在文字语言、整理手段、刊印方式都不同于古人的、史无前例的学术文化运动。值得肯定的是,古籍整理的实践催生了古文献学学科。二者互相影响,相得益彰,其发展历程和辉煌成就理应得到梳理和总结。

一、民国时期

古籍整理与历史文献学研究的初兴在民国时期。1919 年,胡适在《新思潮的意义》一文中,提出了"整理国故"的口号①。之后又系统阐述了"整理国故"的范围与方法,"第一,用历史的眼光来扩大国学研究的范围。第二,用系统的整理来部勒国学研究的资料。第三,用比较的研究来帮助国学的材料的整理与解释"②。整理国故的兴起是民国时期古籍整理事业发展的学术诱因。除此之外,现代印刷技术的引进与使用,也是不可忽视的技术因素。这一时期的古籍整理主要包括三方面的内容。一是传世文献的整理,以《四部丛刊》《四部备要》和《丛书集成》的成就最高。《四部丛刊》是商务印书馆于 1920 年至1922 年出版的大型古籍丛书,收录古籍 323 种,8548 卷。二是出土文献的整理。19 世纪末 20 世纪初,殷墟甲骨、敦煌文书、西北木简和内阁大档相继发现。"一个时代之学术,必有其新材料与新问题。取用此材料,以研究问题,则为此时代之新潮流"③。出土文献资料的整理,是开展新研究的基础工作,这是学术研究的关键步骤。因此,民国年间诞生

①　胡适. 新思潮的意义[J]. 新青年,1919,7(1):4.

②　胡适. 发刊宣言[J]. 国学季刊,1923,1(1):16.

③　陈寅恪. 敦煌劫余录序[M]//蔡鸿生,荣新江,孟宪实. 中西学术名篇精读:陈寅恪卷. 上海:中西书局,2014:32.

了一批相关的整理著作。如敦煌学方面,罗振玉、王国维编辑出版的《敦煌石室遗书》《敦煌石室真迹录》等,收录了200余部敦煌遗书。陈垣对京师图书馆所藏敦煌文献进行编目整理,编成《敦煌劫余录》。三是域外汉籍的搜访。民国时期的域外汉籍搜访集中于日本、欧美等地。较有代表性的如董康在日本对古抄本、宋元本的搜求,孙楷第、王古鲁对古典戏曲小说的访求。在欧美,则有王重民、郑振铎等人对敦煌经卷、善本古籍的探访。总的来说,这一时期域外汉籍的搜访大抵是以经眼过目为主要任务的。这也为当今大规模的搜访域外汉籍提供了线索,指明了方向。

百衲本精选最佳版本,补配善本,同时加以必要的汇校,形成了注重实用性与普及性的特点。在这一点上,最重要的实践即编制索引和古籍的标点断句。索引的编制,方便资料查询,有利于学术的发展,是采用科学方法研治中国古籍中最切实用的手段。使之符合时人的阅读习惯,扩大了古籍的受众面,促进了传统文化的弘扬。民国时期的古籍整理受益于当时的新技术和新方法,在推动学术发展的同时,也在古籍文献的普及传播上做出了新的探索。在民国时期古籍整理事业初兴的促进下,古文献学学科也迎来了初创的机遇。首先,第一次提出了文献学学科的概念。郑鹤声、郑鹤春于1930年在商务印书馆出版的《中国文献学概要》一书,是首部以"文献学"命名的学术专著。书中提到"结集、翻译、编纂诸端,谓之文;审订、讲习、印刻诸端谓之献。叙而述之,故曰文献学"①。初步阐释了文献学的学科概念,论述了文献学的研究对象、范围与内容。全书介绍文献学的基本知识。其次,在此基础上文献学各分支学科得到了初步发展。中国古代对古籍文献进行了长期反复的整理,遗留下来很多宝贵的实践经验。民国时期,学者们对这些宝贵的文化遗产进行了初步总结,形成了各分支学科的基本规模,为文献学学科的正式确立开展了很多建基性的工作。在这方面贡献最大的是陈垣,其所著《二十史朔闰表》是历史年代学的扛鼎之作。

二、新中国前三十年

新中国成立,古籍整理事业也随之迎来了新的发展时期。新中国成立后,随着社会主义文化建设对继承弘扬优秀传统文化的需求,古籍整理事业有条不紊地开展起来,相继推出标点本《资治通鉴》、标点本四大名著等。1958年,国务院科学规划委员会成立了

---

① 郑鹤声,郑鹤春.中国文献学概要[M].上海:上海书店,1983:1.

全国古籍整理出版规划领导小组。古籍整理事业得到统一部署和安排,其目的性、系统性大大增强。新中国前三十年古籍整理所取得的成就包括了以下几个方面:一是对古籍的整理标点,成果显著,包括了"二十四史"及《清史稿》《资治通鉴》和一批古典小说。1952年,《水浒》(七十回本)校注本由人民文学出版社整理出版,之后《三国演义》《红楼梦》等相继整理问世。1952年,《人民日报》发表《庆贺〈水浒〉的重新出版》的短评,标志着新中国古籍整理出版工作的起步。二是出版影印了大批大型古籍。其中既包括有《全唐诗》《全宋词》《全元散曲》等文学总集,又有《册府元龟》《太平御览》等大型类书。三是在古籍的普及和推广上做出了初步探索,出版了《史记选》《汉书选》等多种古籍的节选本。由于注解详细明了,便于中等文化程度以上读者的阅读,在普及古代经典上起到了重要作用。此外,就整理标点古籍的具体程序而言,在整理出版《资治通鉴》及"二十四史"的过程中,逐步形成了一套科学的点校古籍的方法和范式,并为后人所遵循。

三、改革开放以来

改革开放以来,古籍整理出版事业取得举世瞩目的成就。

第一,启动了一批大型古籍整理项目。较有代表性的如"七全一海"大型断代诗文总集的编纂,包括《全唐五代诗》《全宋文》《全宋诗》《全元文》《全元戏曲》《全明文》《全明诗》《清文海》。经过多年的努力,八部大型总集绝大部分顺利完成并出版。

第二,对专题文献的整理。在规划小组的统一领导下,古籍整理的目的性、系统性日趋明确,整理出版了一批专题性很强的古籍。以《四库全书》为例,上海古籍出版社于1987—1989年推出影印本文渊阁《四库全书》,2004年商务印书馆出版文津阁《四库全书》,文澜阁《四库全书》也于2006年在杭州出版。

第三,古籍名著的今译成为热点。古籍今译,一方面是对古籍文献的系统整理,另一方面也承担着以现代语言文字代替古代语言文字的重任。近些年陆续出版了《古代文史名著选译丛书》《中国历代名著全译丛书》等,即便如卷帙浩繁、古奥难懂的"二十四史"和"十三经"等古代学术经典,也有《二十四史全译》《十三经译注》一类的译作问世。古籍今译是一项极富挑战性的工作,因为其中涉及古代汉语、古代典章制度、文化常识等内容,整理难度极高,这也对古籍整理者提出了更高的要求。在未来一段时间内,古籍今译仍将成为古籍整理的热点和焦点所在。

第四,出土文献的整理蔚然成风。出土文献作为传世古籍的有力补充,对学术研究有着不可估量的影响。具体来说,甲骨学方面的《甲骨文合集》已于1982年出版,是集大成性质的资料汇编,为今后学术研究工作的开展奠定了基础。

第五,对域外汉籍大规模的搜访。域外汉籍的搜访始自晚清民国年间,前辈学人筚路蓝缕,为大规模的海外访书指明了方向,有首创之功。20世纪80年代以后,域外汉籍的搜访大规模启动,其整理的成果主要体现为书目编制和影印出版。比较有代表性的书目包括《日藏汉籍善本书录》《朝鲜时代书目丛刊》《美国哈佛大学哈佛燕京图书馆中文善本书志》《法兰西学院汉学研究所藏汉籍善本书目提要》《美国柏克莱加州大学东亚图书馆中文古籍善本书志》等,影印出版了《日本藏中国罕见地方志丛刊》《美国哈佛大学哈佛燕京图书馆善本汇刊》。这对弘扬传统文化,推动学术研究有非凡的意义。

第六,古籍保护计划顺利启动。2007年,国务院下发《关于进一步加强古籍保护工作的意见》,中华古籍保护计划就此正式启动。该计划将对全国所藏的古籍进行系统普查,摸清我国现存古籍的家底,对破损严重的古籍进行修复和保护。一方面,提升了古籍保护与管理的水平;另一方面,系统调查了我国的古籍资源,是开发利用这些资源的前提和基础。

近三十年历史文献学学科的发展,古籍整理事业的欣欣向荣,也推动了古文献学学科的深入发展。古文献学作为一门古老而年轻的学科,其发展的黄金时期也正是改革开放以来的三十余年时间。考察古文献学在这一时期的发展,可以看出学科建设的显著成就。一是古文献学学科体系正式确立,学科理论、学科架构的讨论走向深入。20世纪80年代以来,学术界围绕"文献""文献学"等学科概念,"古典文献学""历史文献学"的学科设置进行激烈讨论。在新材料、新技术的推动下,古文献学的研究走向交叉与综合的广阔前景。具体来说,这种交叉与综合包括了若干层面。首先是研究材料上,除了传世古籍,还要结合出土文献、域外汉籍,甚至是域内西书,开展整理和研究。充分利用各种古籍资源,既可开展不同类型的文献比勘,又可为文献传播史发掘丰富的新材料。其次是拓宽研究的视野,尽量打破从文献到文献这一传统研究思路的局限,将文献学与社会史、文化史、学术史的研究相结合,密切联系社会发展的实际需要,并借鉴西方文献学研究的相关方法。只有这样,才能在保持文献学研究特色的同时,不断开辟新的领域,为文献学注入新的活力。回顾百年来的古籍整理史和文献学发展史,可以看到社会的稳定与繁荣是根本的保障。古籍整理的发展推动着古文献学学科的确立与建设,古文献学学科的进步又在理论和方法上对古籍整理的具体实践开辟了道路。古籍整理事业和古文献学学科建设的不断进步,成为百年来中国文化发展的重要篇章。

第二节　古籍整理的成绩

顾青在《古籍整理出版七十年》中总结了古籍整理的成绩,提出了新中国成立后古籍整理出版取得的六大成就①。这些令人瞩目的成绩,主要表现在以下几点:

一、存世古籍家底的梳理

中华古籍存世多少,这是一个极为困难的问题。直到现在也尚不清楚,存世古籍的具体种数。摸清古籍家底是古籍整理的首要工作,基于这种考虑,新中国成立后,编纂了《中国丛书综录》《中国古籍善本书目》等目录,各大图书馆也积极编目,出现了一批馆藏目录和专科目录。

1992 年,全国古籍整理出版规划领导小组组织编撰《中国古籍总目》,经过十七年的努力,2009 年,《中国古籍总目》正式出版。这部总目包括了中国内地(大陆)、中国香港、中国澳门、中国台湾以及部分海外图书馆所藏汉文古籍,基本将现存古籍数量摸清,据不完全统计,古籍总数达 20 万种之多。

1996 年,全国少数民族古籍整理出版规划领导小组开始主持编撰《中国少数民族古籍总目提要》,此目录于 2010 年出版。这部少数民族古籍目录,是抢救、保护古籍文化的又一成果,在一定意义上补充了中国古籍的数量。此目录收录我国五十五个少数民族以及古代民族文字的全部现存古籍,涉及三十九种少数民族文字,数量约 30 万种。因此,汉文典籍加上少数民族文字典籍,总量达到 50 万种。

同时,应该认识到,这个数量不是中国古籍存世数量的全部。首先,中华民族自先秦以来创造了数量庞大的文献典籍,但这些典籍大部分随着历史发展或损毁,或亡佚;通过历代官私目录学书,我们可以推断,现存的典籍数字仅是历史典籍的冰山一角。其次,古今中外的国家交流,还有战争掠夺等因素,海外的国家和地区还藏有大量的中国典籍。最后,国内各大藏书机构还藏有大量的地方文献、档案、文书以及出土文献等有待整理,

---

① 顾青.古籍整理出版七十年[J].文史知识,2019(10):7.

私人收藏家手中的典籍数量也可观。

二、古籍图书的整理出版

顾青指出：

七十年间，我们到底整理出版了多少种古籍图书呢？由于统计口径和资料来源的不同，要提供精确数据实属不易，我们只能尝试进行估算。据不完全统计，前三十年出版的古籍整理类图书二千多种，而在 1954 年至 1963 年的十年间，就出版了一千八百多种，由此可见社会稳定对于古籍整理事业的重要意义。改革开放以来的四十年，全国出版汉文古籍图书约二万三千种（以书号计，不含丛书子目）。1978 年出版七十八种，此后逐年增加，到 1986 年达到六百三十二种。此后，每年出版数量持续保持在六百种上下。当然在 1992 年之后，出书数量略高，最高值为 1993 年的九百四十九种。①

1958 年，古籍整理出版规划领导小组成立后，古籍整理出版步伐加快，每年平均出版古籍整理图书的数量达到 200 种左右。20 世纪 80 年代，古籍整理出版迎来了新的发展，每年出版古籍整理图书增至 400 种左右。党的十八大以来，古籍整理出版更加繁荣兴盛，每年平均出版古籍整理图书 1800 种左右。值得指出的是，从 1958 年起，全国上百位顶尖文史专家先后汇聚北京，历经 20 年时间，完成 4700 多万字的"二十四史"及《清史稿》的点校出版工作，被誉为"新中国最伟大的古籍整理工程"。

《中华大藏经》《中华大藏经续编》《道藏》《甲骨文合集》《续修四库全书》《古逸丛书三编》等，这些体量庞大、规模宏富的巨制，显示了古籍整理巨大实力和潜力。党的十八大以来，点校本"二十四史"修订工程也开始启动。《史记》《新旧五代史》《辽史》《宋书》《隋书》等八种已经出版。不仅如此，《古本戏曲丛刊（第六、七集）》《文选旧注辑存》《文献通考》《杜甫全集校注》《李太白全集校注》等一大批重大项目也已推出，优秀古籍整理成果不断涌现。

三、古籍整理的规划与格局

古籍整理工作的成绩不仅仅是古籍整理出版，还包括古籍整理管理体系的建立。

---

① 顾青.古籍整理出版七十年[J].文史知识,2019(10):8.

1958 年，全国古籍整理出版规划领导小组成立，标志着古籍整理管理体系的初步建立。这个管理体系由国家主导，七十年间，党和国家领导人都对古籍整理出版事业做出过重要指示。古籍小组是古籍整理的核心，教育部、卫生部等以及全国各省市都设有相应的古籍整理出版工作委员会和办公室。

1981 年 9 月，中共中央发布《关于整理我国古籍的指示》，指出："整理古籍，把祖国宝贵的文化遗产继承下来，是一项十分重要的、关系到子孙后代的工作。"继承，成为最重要的指导思想。

1982 年发布的《古籍整理出版规划》(1982—1990)，收录了文学、语言、历史、哲学、综合参考、今译、专著共七大类三千一百一十九个项目，其中传世基本古籍就超过三千种。同时，规划中也对丛书、少数民族古籍、科技古籍、地方志、档案、普及读物和散失国外的古籍资料等做出特别安排。这一规划体现了全方位整理历代典籍的国家意志，构建了特别重视传世基本典籍和分工协作地推进专业古籍整理的基本格局，顺应了改革开放初期的时代需要。

1992 年 6 月 25 日，国务院古籍整理出版规划小组发布《中国古籍整理出版十年规划和"八五"计划(1991 年—1995 年—2000 年)》，这个十年规划和"八五"计划具有纲领性文件的作用。文件的第一部分总结了新中国成立以来古籍整理出版的成就和制订本规划应说明的若干问题，包括五个方面：一、新中国成立后古籍整理出版的发展和制订本规划的基本精神；二、妥善处理古籍整理出版工作中的几个关系；三、古籍整理出版的发展方向和前景；四、充分发挥各部门、各地区、各单位的主动性和积极性；五、人才培养。其中关于古籍整理出版的发展方向和前景这一点，国务院古籍整理出版规划小组指出：

1. 加强古籍整理的理论研究

古籍整理的理论研究，学术界重视不够。近年来出版的有关论著，在目录、版本、校勘的基本知识和基本技能的论述上取得了一定成绩，但还存在着一些问题。今后应该从方法论入手，将古籍整理的方法升华到理论的高度，加以系统概括和阐释。今后十年要在这方面做大的努力。我们要对清代学者古文献整理的成就做出全面总结，真正弄清乾嘉学派的精华所在，并加以继承；最主要的是我们要强调马克思主义对古籍整理的指导意义，充分认识辩证唯物主义和历史唯物主义方法论在古籍工作中的作用和价值，从而建立起有时代特色的古籍整理理论基础。

2.重视古籍数量的调查核实

中国古代文献浩如烟海,但存世古籍究竟有多少? 有人说八万余种,有人说十万余种,迄无定论。即便是许多人认为较熟悉的文、史、哲古籍,各有多少,价值如何,存佚情况和整理出版情况,也似清非清,未能真正做到心中有数。在这种情况下编制的整理出版规划,就不可避免地带有一定的盲目性和主观性。所以从现在开始,要有计划地组织有关人员,进行认真细致的调查研究工作,并尽快编纂《中国古籍总目提要》,以推动古籍整理工作的全面展开。

3.完善以重点古籍为中心的研究资料和工具书系列

在前两届古籍整理出版规划小组工作期间,一批重点古籍得到了较好的整理。与之相适应,有关的研究资料丛书和工具书系列也陆续出版,为专业研究人员提供了方便,受到普遍欢迎。今后十年中,对已完成的重点项目要重新审校,根据专家和读者提出的批评意见,加以修订,使之更臻完善。有的项目在条件成熟的情况下,可以再出新整理本,开展合理竞争,促进质量水平的不断提高。

4.扩大古籍整理出版的范围

古代中国富于发明和发现,以"四大发明"为代表的中国古代科技成就是世界公认的。古籍中蕴藏着无数科学技术的史料,涉及到农学、医学、数学、天文学、物理学、化学和工程技术等各个自然科学领域,是一座有待开发的宝藏,在继续重视文、史、哲古籍的整理出版的情况下,对科技古籍与史料也必须予以充分重视和开发。

我国是一个多民族国家,少数民族古籍是中华民族灿烂古代文化的重要组成部分。现存少数民族古籍不仅数量多,而且具有很高的学术价值,已引起越来越多中外学者的关注,我们应该协同有关部门对它进行整理、翻译和出版,尽快取得成效。

5.鼓励高质量普及读物的出版

为了让更多的人看得懂古籍,要有今译。今译要讲究质量,要对子孙后代负责。今译仅是普及工作的一种形式,要作好普及工作还应有其他的形式和途径。比如有深入浅出的前言,卷、篇之中附有讲评等,但要真正作好古籍的普及工作,还有待于专业工作者在实践中摸索和总结。

6.加快古籍整理出版手段现代化的步伐

计算机的普遍使用和微机汉字处理系统的建立,为古籍整理出版工作者从繁重的手工劳动中解脱出来创造了条件。但是科学技术的发展,也向古籍整理出版事业的现代化提出挑战。我们既要从实际出发，又要面对挑战。当前基本典籍经过整理，输入微机等工作应扩大试点；同时应积极培训有关专业人才，以推进古籍整理与出版的现代化。

7. 促进古籍整理出版物出口和文化交流

规划小组应协调各方面力量，采取各种恰当措施尽量使散佚国外的善本孤本古籍回归，得到妥善整理出版；同时积极开展文化交流，促进古籍整理出版物走向世界。①

在人才培养方面，规划小组也指出，虽然新中国成立以来已经通过各种办法培养了一批古籍整理、出版和研究人才，但从目前的实际情况来看，还远不能说已经可以满足需要，还应在原有基础上进一步在质量上和数量上有计划地培养古文献方面人才。今天用现代科学精神去学习和掌握古文献中的精华，并与实践相结合，更能培养出合格的、具有中国风格的社会主义建设人才。培养古文献人才不能孤立地看作是单纯为了满足古籍整理出版研究的需要。现在看来，这些总结，均具有指导性意义。

2000 年 7 月 5 日，新闻出版总署和全国古籍整理出版规划领导小组联合发出《关于制订"十五"期间（2001—2005 年）国家古籍整理重点图书出版规划的通知》（简称《通知》）。《通知》中明确提出，制订"十五"规划的指导思想是："坚持以马列主义、毛泽东思想和邓小平理论为指导，贯彻百花齐放、百家争鸣的方针，批判地继承历史文化遗产，弘扬优秀传统文化，为全面提高中华民族的整体素质服务，为科教兴国服务，为发展和繁荣我国的学术事业服务。"《通知》中还确定了制订"十五"规划的基本原则，这些原则是："要正确处理社会效益和经济效益的关系，坚定不移地把社会效益放在首位。要正确处理近期与长远、当前需要与未来发展的关系，既要充分反映最新研究动态和最新成果，又要注重基础研究和基本古籍资料的整理。要正确处理普及与提高的关系，既要进一步优化选题结构，提高普及读物的质量，避免粗制滥造和重复出版，又要注重学术总结性项目，注重填补学术空白的项目。要重视科技方面的古籍整理工作和电子读物、多媒体读物的出版工作。规划的制订要坚持上下结合的原则，充分发挥两个积极性，一方面各研究单位、出版单位提出选题，另一方面全国古籍领导小组也可以根据需要提出补充项目，以完善出版规划。承担规划项目的出版单位，主要是专业古籍出版社，同时兼顾有古籍出版任务的综合性出版社和有关出版社。"

---

① 国务院古籍整理出版规划小组. 中国古籍整理出版十年规划和"八五"计划(1991 年—1995 年—2000 年)[M]. 北京:国家古籍整理出版规划小组,1992.

　　根据上述指导思想和基本原则,全国古籍整理出版规划领导小组办公室专门邀请在京的部分小组成员和各学科专家组成了规划项目审议委员会,经过反复研究,慎重取舍,最后形成了"十五"规划的草案。2001 年 12 月,发布了《国家古籍整理出版"十五"(2001—2005 年)重点规划》。

　　2006 年 4 月 13 日,中华人民共和国新闻出版总署、全国古籍整理出版规划领导小组联合发布了《关于实施"十一五"国家古籍整理重点图书出版规划的通知》。《国家古籍整理出版"十一五"(2006—2010 年)重点规划》,现正式颁布实施。"十一五"国家古籍整理重点图书出版规划,是根据《中共中央关于制定国民经济和社会发展第十一个五年计划的建议》和《中共中央关于整理我国古籍的指示》的精神,在认真总结"十五"国家古籍整理重点图书出版规划的基础上制订而成的。

　　为深入贯彻落实十七届六中全会精神,加强文化典籍整理和出版工作,进一步实施精品战略,全国古籍整理出版规划领导小组组织编制《2011—2020 年国家古籍整理出版规划》。2012 年新闻出版总署、全国古籍整理出版规划领导小组关于印发实施《2011 —2020 年国家古籍整理出版规划》的通知发布。通过《规划》的制定和实施,形成由国家主导、体现国家意志、代表国家水平的脉络清晰的古籍出版体系,不断提高我国古籍整理出版的水平。《2011—2020 年国家古籍整理出版规划》已经是新中国编制的第 7 个古籍整理出版规划。柳斌杰指出,为确保古籍整理出版质量,体现国家意志和古籍整理出版的导向,避免盲目性和随意性,古籍小组办公室经过广泛调研、征求意见和深入研究,创新编制方法,加强评审论证,采取自上而下和自下而上相结合的方式开展《规划》的编制工作。

第三节　古籍整理出版的未来发展

　　随着时代发展,古籍整理出版也在与时俱进。特别是如今数字环境下,古籍整理与研究工作面临着一系列的挑战。数字环境,对传统古籍整理提出了新的挑战,也带来了新的机遇。古籍整理与出版围绕着数字化展开是时代的必然,也是未来发展的趋势。

一、古籍数字化与古籍整理

　　古籍数字化,就是依靠计算机技术,对古籍文献进行加工整理,形成数据库以供读者检索、下载、阅读、应用和研究。古籍整理工作可在数字化的基础上进行,传统的古籍整理需要亲临现场。当然,在古籍整理过程中,亲验版本是不可或缺的步骤。但古籍数字化可大大提高古籍整理的效率。创建古籍全文数据库有助于古籍整理,现代技术可以将版刻较为清楚的典籍进行扫描、识读,做基本的文字校对工作。古籍整理未来甚至需要全文扫描的电子版,可靠的检索系统。目前,部分古籍影像数据库也遇到一些瓶颈,如中文文字识读不准确,大部分依然依赖人工识读;又如,文件影像不清,影响文字识读。

在大数据时代背景下,古籍资源的数字化将成为国家公共数字文化建设发展方略的重要组成部分。各项古籍整理重大项目及其相关成果的出版,将为下一步古籍文化资源数据库的建设奠定坚实的基础。结合古籍资源的珍稀程度、文献价值、实际保存状况等,制定分批的古籍资源数字化方案,也是未来古籍整理工作的重点内容之一。

二、古籍整理市场化、生活化

中华书局、上海古籍出版社、人民文学出版社、巴蜀书社、齐鲁书社、岳麓书社、三秦出版社等多以出版古籍整理著作为己任,这些出版社出版的古籍整理成果很多。回顾古籍整理出版的历程,发现出版社开始对古籍整理项目规划、品牌建设、团结协作等问题进行思考。新时代古籍整理出版工作要在"守正"的基础上"出新",既要坚持古籍整理出版的核心业务不动摇,始终以弘扬中华优秀传统文化为己任,出版一批高质量的古籍图书;又要根据时代和市场的变化,适应读者需求,尝试新的出版方式,开发新的品类,让古籍里的文字活起来,更加贴近群众、贴近生活。

古籍整理也需要市场,只有面向市场,古籍整理才有未来发展的可能。学术研究并非古籍整理的全部,如《白话十三经》《二十四史全译》,这些也是古籍整理的最重要成果,且有相当大的市场。

三、古籍整理要精益求精

很多经典古籍,在20世纪80年代只是进行了基本的点校工作。如《苏轼诗集》《苏诗文集》,截至目前苏轼诗、文、词有了详校详笺本,即《苏轼全集校注》《苏轼文集编年笺注》《苏轼词编年校注》。但不能说,这些校注、笺注本已经是最完善之本,古籍整理可以在这些已有成果的基础上溯本求源、精益求精。

古籍整理的精益求精还包括出土文献的整理，尽管出土文献不是纸质书籍，但就整理研究方法和理路而言，其依然与古籍整理有着相似之处。2011 年《清华大学藏战国竹简（壹）》出版，2015 年《安徽大学藏战国竹简（一）》出版，2016 年《肩水金关汉简》出版，这些出土文献的整理工作，也是古籍整理的重要成果。近几年，随着学术成果的积累，出土文献整理出版向着更新、更深、更全、更精的方向发展。在早先发掘、整理研究的基础上，部分出版社又推出了后出转精的集大成之作，出土文献整理出版注重新研究、新发现，随时有可能更新学术成果。

古籍整理的未来发展，要从解决问题入手。第一，尽管古籍整理已有七十年历史或者更久，但基础性工作精细度不足，大众普及率偏低，这就需要全面构建基础性古籍资源共建共享机制，提升大众普及率。第二，社会档案整理出版内容良莠不齐，区域差异明显，处理这一问题则需要从国家层面促进社会档案整理出版规范发展，缩小区域差异，共同建构社会档案体系。第三，古籍数字化现在尚不规范化，如何促进其规范化发展，也是当下应该思考的问题。在加速古籍数据库工程数字化建设的同时，不能仅仅依靠技术，还要考虑到利用率、影响力，甚至包括电子文献的版权问题等。

第九章

古典文献的检索

古典文献的检索即古籍检索，是指在浩瀚的古籍文献中，快速准确地查找到自己所需要的资料①。获取文献的方式，除了熟读古籍外，还需要借助检索功能。根据检索发展史，检索包括两种方式：一是传统检索方式，即为古籍文献编纂的索引工具书，根据索引工具书查找需要的文献资料；二是现代索引方式，即借助计算机将古籍处理为电子文本，通过检索电子文档获取资料。至今为止，这两种检索方式还在为学者所使用，不可相互替代。

第一节 纸质古典文献的检索途径

古典文献浩如烟海，如果需要迅速准确地找到自己所需要的文献资料，就必须熟悉掌握并善于利用各种文献检索工具。

古典文献的检索工具书，主要有索引、目录和辞书等。索引，我国古代又称作玉键、针线、检目、韵检、备检、引得、通检，最先出现于明代。最早的索引是明代张士佩所编《洪武正韵玉键》。现代意义的索引始于20世纪初，"索引"一词原是从日语引进的。我国最早提出"索引"这一术语的是林语堂，1917年他在《科学》杂志上发表《创设汉字索引制议》，不仅论述了索引的功用，还阐述了索引和学术演进的关系。为了方便掌握、了解和利用古典文献的检索工具书，我们按照检索的对象分为书名检索、人名检索、地名检索和字词句检索4种类型。

一、书名检索

不论是求书还是治学，首先都要知道有哪些书可读。古籍图书按刻本规模可以分为单刻本和丛刻本两大类。单刻本是只单独刻印一种书，而丛书则是按照一定的原则、体例，把众多的书汇刻成一套书。丛刻本也就是丛书。我国古代传承的大量古籍是以丛书的形式流传下来的，因此，要查古籍书目，首先要想到查丛书目录索引。

1. 丛书检索

目前最完备最常用的丛书目录索引，是上海图书馆编的《中国丛书综录》和阳海清编

---

① 按，杨琳的《古典文献及其利用》（北京大学出版社，2004年版），张三夕的《中国古典文献学》（华中师范大学出版社，2003年版），郭英德、于雪棠的《中国古典文献学的理论与方法》（北京师范大学出版社，2008年版），对电子文献检索方法、电子文献的检索和利用、古籍检索学理论和古籍检索的方法等有所论述。

撰《中国丛书广录》。不管是研究古代的文学、史学、文化、哲学等领域，这两部都是书目索引必备必用的工具书。《中国丛书综录》和《中国丛书广录》只收丛书中的书目，单刻本的古籍未予收录，现在还没有完整的将国内所藏全部古籍书目、版本汇编成一书的工具书。2007 年复旦大学图书馆古籍部编《四库系列丛书目录索引》，分目录、索引两部分。目录部分著录了《文渊阁四库全书》《续修四库全书》等 14 种书及子目，共计历代古籍18000 余种。索引部分有书名及著者索引，分别按照四角号码检字法编为主索引，并附编笔画检字、拼音检字，更方便读者检索。

2. 单书检索

要查单刻本的现存古籍书目有几种途径：

其一，可查各图书馆的馆藏书目，有些图书馆已将馆藏古籍书目汇编成书。如《北京图书馆普通古籍总目》《（南京图书馆）国学图书馆图书总目》和《江苏省立国学图书馆现存书目》《四川省图书馆藏古籍书目》《北京师范大学图书馆中文古籍书目》《杭州大学图书馆藏线装书总目》《台湾公藏普通本线装书目书名索引》《清华大学图书馆藏善本书目》《中国人民大学图书馆古籍善本书目》《浙江图书馆古籍善本书目》《中国科学院图书馆藏中文古籍善本书目》《香港中文大学图书馆古籍善本书录》《加拿大多伦多大学东亚图书馆藏中文古籍善本提要》等。有了这些书目，不必亲自前往，便可以知道哪些图书馆有我们需要查阅的古籍书目。

其二，查有关分类书目，如断代书目、善本书目和专科书目等。断代书目如《唐集叙录》《宋人别集叙录》《宋人总集叙录》；善本书目既有全国性的善本书目，如《中国古籍善本书目》《中国善本书提要》，又有国内外各大藏书机构所编的善本书目，如《北京图书馆善本书目》《美国哈佛大学哈佛燕京图书馆中文善本书志》；专科书目有代表性的是方志、家谱目录，如《中国地方志联合目录》《中国家谱综合目录》《上海图书馆藏家谱提要》等。

3. 题记检索

前面所说的"丛书检索"和"单书检索"，都是对现存的古籍书目进行检索。而历代公私藏书目录中，有大量的古籍版本题记序跋，著录序介古籍版本及传存情况，对研究古籍版本的源流有不可或缺的价值。如《古籍版本题记索引》等。

4. 篇目检索

上列所列三类检索都是按照书名进行检索，还有一类检索是可以检索书中的篇目及篇目索引。篇目索引按其检索范围来分，主要有三种：一是专书索引，检索一部书中的所有篇目,这常常是规模宏大、内容丰富的总集或丛书,没有篇目索引,查找十分不易,如《先秦汉魏晋南北朝诗篇目及作者索引》《全唐文篇目分类索引》等;二是群书索引,对多部书的篇目进行综合检索,将某一断代的多种文集的篇目进行综合的分类索引,如《宋人文集篇目分类索引》《元人文集篇目分类索引》《清代文集篇目分类索引》《巴蜀方志艺文篇目汇录索引》等;三是专题索引,专门检索某一方面的内容,如名篇名句索引等,如《全唐诗名篇精注佳句索引》《全宋词名篇精注佳句索引》等。

另有《食货志十五种综合引得》《艺文志二十种综合引得》等,是查检专项分类的索引书籍,在学术研究中也有一定的作用。

二、人名检索

人名检索,主要是检索历朝历代历史人物,如《北朝四史人名索引》《二十四史纪传人名索引》《二十四史人名索引》等。也包括对一些专书中的人名进行索引,如《唐会要人名索引》《清史稿纪表传人名索引》。还包括一些室名、别称、字号索引,如《中国历代书画篆刻家字号索引》《中国历朝室名索引别号索引汇编》《室名别号索引》《明人室名别称字号索引》《清人室名别称字号索引》《无锡名人室名别号索引》等。

检索人名是学术研究的第一步,随后依据人名对人物的相关史料或研究资料进行检索。而人物资料十分丰富,为便于叙述,我们可以根据其性质,分为传记著作和传记资料两大类。传记著作是指一篇专文,这类专著的名称有年谱、年表、编年、纪年、评传等关键词,如《苏轼年谱》《宋元明清书画家传世作品年表》《王禹偁事迹著作编年》《欧阳修纪年录》《杜甫评传》等。传记资料是指散见于各种原典文献中没有经过整理考订的人物资料,是一种散漫型的资料。人物传记以朝代为限,将散见于各种载籍中有关传主的资料,经过搜集整理,按照一定的体例形式组合成一本专书索引,集人名与传记史料出处于一体。如《唐五代人物传记资料综合索引》《宋人传记资料索引》《宋人传记资料索引补编》《金代人物传记资料索引》《元人传记资料索引》《明人传记资料索引》《地方志人物传记资料丛刊·华东卷上编人名索引》《东北方志人物传记资料索引》《辛亥以来人物传记资料索引》等。

三、地名检索

地名检索,主要是指历史地名的检索。在阅读古籍时,我们通常会遇到一些地名,而这些地名既需要弄清楚所在的方位和如今所在的位置,还要弄清楚它的建置沿革和古今变异,要弄清这些问题,可以考察地名索引和相关的工具书。专书中的地名索引,如《左传人名地名索引》《汉书地名索引》《后汉书地名索引》《资治通鉴胡注地名索引》《徐霞客游记人名地名索引》。综合性地名索引,如《满洲地名索引》《前四史人名索引·地名索引》等。

四、字词句检索

字词句的检索,包括古籍的字词索引和句子索引。字词索引有逐字逐词索引,也有特定的语汇索引。如《毛诗引得》《礼记引得》《孟子引得》《庄子引得》《荀子引得》《国语引得》《墨子引得》《论语新注新译·附主要字词人名索引》等。但是,在电子文献检索发达的今天,这些纸质文献的词句索引,因为其功能单一,而逐渐失去了它原有的优势,远不如电子文献检索的快捷便利。电子文献的词句检索,似乎可以替代现有的纸质文献的词句索引。

第二节　古典文献检索数据库

古典文献主要是指 1912 年以前书写或印刷,具有古典装订的形式,在中国境内出版发行的中文图书,大多数人称为"线装书"。古典文献分为善本古籍和普通古籍。善本古籍指精心校勘、错字较少的版本,稀见于旧刻、名家抄校及前贤手稿之类的古籍。这类古籍的特点为:历史文物性、学术资料性、艺术代表性;普通古籍则是指清嘉庆元年至宣统三年(1796—1911),在中国境内出版发行的古典装订形式的汉语言文献。此节古典文献检索数据库的界定主要是 1912 年之前的古籍。其他数据库,如期刊、论文等数据库不在此范围。

1. 中国基本古籍库

此文献库是国家重点电子出版物"十五"规划项目,由北京大学刘俊文总策划、编纂、监制,北京爱如生数字化技术研究中心开发制作。中国基本古籍库相当于三部《四库全书》的容量,10000 多种文献(数量还在增加),每种均提供 1～2 个重要版本。中国基本古籍库著录原则为:

（1）书序按库类目排，同目按作者时代排，同时代按作者姓名音序排；

（2）时代依大限为断，如宋、齐、梁、陈、后魏、北齐、北周等皆著为南北朝，梁、唐、晋、汉、周、后蜀、吴越等皆著为五代；

（3）作者有歧义者，以一人或一名为主，而著另一人或另一名于数据库中；无作者者，著以佚名；

（4）著作方式皆依原书，一般为撰，另有编、辑、笺、注、疏等；

（5）书名皆取世行通称或 10 字以内之简称，另著原名于数据库中；

（6）卷数从实，2 卷以上著其数目，无卷数者著以不分卷。

中国基本古籍库著录涵盖范围广泛，文献价值较高，是古典文献研究者最常用的古籍数据库，是迄今最大之历代典籍总汇电子数据库。清末民初以前重要的基本典籍均有收录，地方志部分收录两百多种，也就是说存世的宋、元方志以及天一阁明方志的主体部分，都有了电子文本。特别是清中期以后的著作、四库没有收录的著作，中国基本古籍库中也有。需要注意的是，中国基本古籍库收录的古籍几乎全部将原书的序跋删去，另有部分典籍的版本未用最优善本。中国基本古籍库开发的 ASE 检索系统，提供分类、条目、全文、高级检索等 4 条检索路径，并可实现模糊匹配。所配 ARP 学者工作平台，提供版式设定、字体转换、背景音色等 10 大功能，可进行校勘、标注、分类等工作。文史研究者可从中检索出与研究相关的绝大部分资料，实用价值很高。

2. 雕龙中国古籍全文检索数据库

据雕龙中国古籍全文检索数据库介绍，该库 2001 年开始起步建库，经过 10 年的不断努力，已经逐步形成超大型古籍全文数据库。全库含书 3 万多种，近 80 亿字。目前正以每年增加 5000 种文献、10 亿字的速度继续扩充。雕龙古籍数据库目前由下列分库组成：1. 正统道藏、2. 道藏辑要、3. 四部丛刊、4. 续四部丛刊、5. 永乐大典、6. 古今图书集成、7. 敦煌史料、8. 清代史料、9. 中国地方志、10. 中国地方志续集、11. 日本古典书籍库、12. 续修四库全书、13. 六府文藏、14. 四库全书、15. 中国民间文学（包括民间宝卷）、16. 清代科举朱卷、17. 全四库存目、18. 四库未收书、19. 四库禁毁书、20. 医家库。

此数据库的特点及优势：（1）能够保证数据库内容、版权及获得形式合法合规，产品质量和内容具有可靠性，并且提供稳定而持续的售后服务。一次性买断，提供访问方式："本地镜像＋教图服务器"永久联机 IP 访问，无并发用户限制。（2）支持全文检索，复制引用，同时通过人工校对，将扫描图档中模糊、难辨认的文字进行人工识别校对，极大提高用户阅读体验。(3)雕龙平台提供远程网络访问+本地镜像+阅读器的形式,使用者可通过网络,运用账号或 IP 登录方式访问数据库,或者通过阅读器访问。(4)用户可根据实际需求自由选择订购其中任意子库,也可随时增添或删减文献。

3."中国历代基本典籍库"大型数据库系列光盘

北京国学时代文化传播有限公司与商务印书馆联合推出的《中国历代基本典籍库》大型数据库系列光盘①,供专业人员使用,王元化、任继愈、汤一介等为学术委员。全套光盘分为"先秦两汉魏晋南北朝卷""隋唐五代卷""宋辽金元卷""明清卷"四种,汇集三千多部文献,共计六亿多字。此库按朝代编选,力求反映古籍全貌。所有数据均已数字化处理、校对,辅以先进的搜索功能,另附专用图形字库,所涉汉字及图形,均可正常显示、打印。如《隋唐五代卷》收入公元581年至960年间所产生之现存重要文献136部、近1亿字,2000余幅图片。该数据库可与中国基本古籍库、雕龙中国古籍全文检索数据库并行使用。

4.书同文古籍数据库

据该数据库官网介绍,北京书同文公司经过缜密策划和调研,结合18年古籍数字化加工经验与研发技术,开发了一系列的古籍资源全文检索数据库。现数据库包括四部丛刊、大明会典、大明实录、历代石刻、十通、明代史料、清代史料、中医中药古籍大系、韩使燕行录、金石书画等,其特色主要是明代和清代史料。数据库文献内容全、底本好、数据质量高、全文检索强、关联技术多、支持生僻字、在线功能丰富是书同文数据库的几个重要特点。数据库内容均为版本最好,使用价值最高的古籍、档案、报刊等,分为基础古籍文献、中医中药、文博鉴赏、明清研究、典章法规、民国研究等若干研究方向。全文检索版的文献资料经过高精度全文数字化过程,文献内容字字可查、句句可检,读者可利用全文检索工具在最短的时间内获得最多的有用信息。

5.瀚堂典藏数据库系统

"瀚堂典藏"系采用国际 Unicode 标准 ABCDEF 区九万汉字之超大字符集,精心数字化加工、存真性校勘建置的,汇集海量历代文献和近代报刊 B/S 服务器浏览器模式巨型数据库。该数据库收录《明清实录》《四部丛刊》等典籍,又有《顺天时报》《大公报》《益世报》《申报》等民国报纸。全库集成管理约35000多种古籍,25000种民国报纸期刊,6500

① 佚名.《中国历代基本典籍库》首张光盘面世[J].文学遗产,2003(2):65.

万条记录与海量清晰图片直接对应,汉字总量超过 70 亿。瀚堂典藏数据库特色主要在于民国报刊,数据库文献内容也会持续修订、种类定期扩增,并可根据读者要求定制添加。

6. 国学宝典数据库

国学宝典数据库是一套面向中文图书馆、中国文化研究机构、专业研究人员和文史爱好者的中华古籍全文资料检索系统。收录上起先秦、下至民国两千多年的所有用汉字作为载体的历代典籍,并收录了清代至当代学者对相关古籍研究的重要成果。该数据库中收录典籍均为文史研究人员常用资料,具有极强的实用价值。至 2020 年,数据库累计出版文献近 6000 本。此数据库也会每年更新。

7. 各种丛书数据库

(1)文渊阁《四库全书》电子版。《四库全书》共收书 3460 多种、79000 多卷,当时共抄写七部,其中文渊阁本最具代表性。作为国家“九五”光盘出版重点项目,文渊阁《四库全书》电子版由香港迪志文化出版有限公司、上海人民出版社于 1999 年合作出版,分标题检索版和全文检索版,共计 450 万页,7 亿～8 亿汉字。附录《四库全书简明目录》《中华古汉语字典》《四库大辞典》等参考资料。检索功能较好,可从分类、书目、著者、标题四种角度进行检索。书页以“原文图像”显示,可复制进行整理。另有武汉大学版《四库全书》原文电子版,由济南开发区汇文科技开发中心研制,武汉大学出版社于 1998 年出版。此电子版采用图像方式存储文献资料,保存了原书的风貌,提供书目检索功能,可按书名、作者、作者朝代、盘号、书号检索,系统提供标记注释功能,还有缩放显示、裁剪、打印等功能。文渊阁《四库全书》电子版在学界使用比较广泛,对硕博生而言,利用起来尤其便捷。

(2)四库系列丛书综合索引数据库。20 世纪 80 年代以来,《四库全书珍本》《钦定四库全书荟要》《续修四库全书》《四库全书存目丛书》《四库全书存目丛书补编》《四库禁毁书丛刊补编》《四库未收书辑刊》等陆续出版,共计 7000 余册,15000 余种典籍。为便检索,复旦大学图书馆古籍部于 2007 年编成四库系列丛书综合索引数据库。此库利用 AC-CES 软件制作,分丛书表、主表、分类表。可供书目浏览,并支持书名、著者、分类及关键词检索,并提供汉字简、繁体及拼音等检索选择。检索分为“书名”“著者”两项,著录项分书名、作者、版本、出处(即在哪种丛书中)、册次、分部,为我们检索四库系列丛书子目提供了极大的便利。但此数据库开发较早,其后出版的《文澜阁四库全书》《文津阁四库全书》《四库提要著录丛书》《四库全书底本丛书》等均未收于此数据库,仍有待更新。

（3）四库系列数据库。四库系列数据库是围绕清修《四库全书》汇辑历代典籍的全文检索版大型古籍数据库。由刘俊文总纂,北京爱如生数字化技术研究中心研制。子库包括:(1)四库著录书,收录清修四库时采录之 3460 部典籍[①]。(2)四库存目书,收录清修四库时列为存目之 4755 部典籍[②]。(3)四库奏毁书,收录清修四库时毁弃之 612 部典籍。(4)四库未收书,收录清修四库时未见未收之 173 部典籍。全库共收录历代典籍九千部,采用文渊阁四库全书、文津阁四库全书以及宋元明清各级善本共计九千二百零九个。堪称典籍渊薮,珍本集林。四库系列数据库采用爱如生独有之数字再造技术制作,还原式页面,左图右文,逐页对照;原书之版式及眉批、夹注、图表、标记等无障碍录入,并在原位置非嵌入式显示,全息再现。同时配备爱如生自主研发的检索系统和功能平台,可进行毫秒级、可导出海量全文检索和校勘、标点、编辑、复制等一站式整理研究作业,诚古文献整理和四库学研究之福音。

（4）《四部丛刊》电子版。《四部丛刊》收书 504 种,分装 3134 册,是 20 世纪以来使用率相当高的大型丛书之一。《四部丛刊》原文及全文检索版,由北京书同文数字化技术有限公司、万方数据电子出版社于 2002 年合作出版,共 24 张光盘,分局域网络版、国际互联网络版,以及单机版。可进行书名检索、著者检索、分类检索(书名)和全文检索等。检索结果,有原文图像、文本页面等显示方式。2009 年 5 月推出原文及全文检索增补版,嵌入多个参考工具。

（5）《古今图书集成》全文检索。《古今图书集成》分 6 个汇编、32 典、6117 部、10000余卷,共有 50 万页、1.44 亿字。由深圳市科信源实业发展有限公司 2004 年底推出的《古今图书集成》电子版,是全球最大型的百科全书电子标点版,由 28 张光盘组成。其最大特色是查阅非常方便,用户只需输入一个主题词,即能显示相关内容,并可进行多级检索、组合检索。台湾"故宫博物院"、东吴大学研制、汉珍数位图书股份有限公司 2004 年出版发行的全文电子版(此版有在线检索版),内含全文检索,并可部分对应故宫底本图片。进入界面后,有编辑、打印等选择;提供简易搜寻、进阶搜寻。"国学迷"网站可进行

---

① 按,纸本文渊阁四库全书实收 3458 部,缺 2 部;因呈乾隆御览,有些书删削过甚,致失原貌。今据总目补足所缺 2书,又以文津阁四库全书补苴删削过甚之书凡 209 部。

② 按,纸本四库全书存目丛书正编和补编共收书 4727 部,其中并有几部非存目书混入。今剔除混入之书,补入新发现之书,使收书总数达 4755 部,比纸本多出 28 部。

简易搜索,但要输入繁体字进行检索。

此外,还有一些常见古籍的电子全文检索版,如《全唐诗》《全宋词》《全元曲》《二十五史》《中国历代笔记》《宋会要辑稿》全文检索版等。随着时间发展,电子技术的成熟,常见古籍全文检索比较常见。另外,国学数典、学乐酷、爱如生等论坛,登录后可进行检索,也可以下载部分资源。

台湾地区,在1995年发布了"瀚典全文检索系统",该数据库有二十五史、先秦诸子、《大正新修大藏经》等多部古典文献,迄今已达1.34亿字,可供全文检索。东吴大学陈郁夫开发的"寒泉古典文献全文检索数据库",2007年发布,有十三经、先秦诸子、《全唐诗》等多种数据库,可供全文检索。台湾元智大学罗凤珠主持研制的"唐宋文史数据库",2007年发布,有《全唐诗》《全唐五代词》《全宋词》和宋代诸多名家诗歌的全文检索。

第三节 古典文献检索的网站

随着强大网络系统的建立,国内外各大藏书机构通过网站提供古籍文献资料查阅及检索服务。提供古典文献检索的网站很多,略述如下:

1. 中国国家图书馆联机公共目录馆藏查询系统

此数据库,可查询该馆所藏古籍目录。分普通古籍、善本古籍和方志家谱三个子库。查询时,先选择"检索库",再在查询框中输入书/作者名,点击"检索"键,相应结果即自动显示。但此需要ID登录方能使用。

2. 上海图书馆——古籍书目数据库查询系统

收录上海图书馆收藏的中文古籍,包括刻本、活字本、抄本、稿本、校本、民国年间出版的石印本、影印本、珂罗版印本及普通古籍阅览室开架陈列的影印本,共计129660条。其中普通古籍87938条,丛编子目28357条,善本古籍13365条(其中开架陈列的影印古籍10678条)。主要采用四部分类法。

3. 中国人民大学图书馆——普通线装古籍书目数据库查询系统

中国人民大学图书馆总共藏有清代至民国期间出版的普通线装古籍约40万册,3万余种。其中地方志2000余种,明清诗文集3000余种。读者可以利用新建成的馆藏普通线装古籍书目数据库,通过题名、主要责任者、出版信息、主题等多种途径进行检索,该数据库目前只支持繁体字检索。

4. 复旦大学图书馆古典文献数据库

此数据库涵盖多个分项数据库,包括清人碑传索引、明人传记辞典、古籍题记索引、近五十年古籍整理书目、四库系列图书综合索引、元人文集书目、明人文集书目、清人文集书目等八个子数据库。使用者大多可用著者和书名两个栏目进行检索。特别是该数据库著录的明人、清人文集书目,包括国家图书馆、中国科学院大学图书馆、上海图书馆、天津图书馆、南京图书馆、浙江图书馆、辽宁省图书馆、湖北省图书馆、北京大学图书馆、复旦大学图书馆和我国香港、台湾地区以及北美等地区图书馆的收藏。

5. 上图数字图书馆查询系统

此网站有上海图书馆古籍书目查询、上海图书馆藏精选、上海图书馆馆藏上海地方文献中文图书目录、上海图书馆家谱书目查询、上海图书馆旧外文书目数据库、上海图书馆馆藏旧版日文文献总目等链接,注册后可免费使用。上海图书馆共收藏古籍文献170万册,其中善本25333种、170941册,都是年代久远,有很高的学术史料价值和艺术鉴赏价值的稀世罕见之本。目前首次上网的善本共20种19794页,有宋代刻本17种、元代刻本1种、稿本2种,皆为海内外稀见的珍品。

6. 北京大学数字图书馆古文献资源库

北京大学图书馆收藏古籍约150万册,其中善本近20万册,各种特藏如地方志、家谱、舆图、敦煌卷子等,亦收罗宏富。另有金石拓片3万余种,7万余份,在国内收藏居于前列。可谓秘籍纷陈,琳琅满目。"秘籍琳琅——北京大学数字图书馆古文献资源库"将逐步实现馆藏古文献的数字化上网,并有专门的系列元数据标准配套施行。

7. 超星数字图书馆

该馆的电子书格式是中国最通行的格式之一,许多单位在扫描纸本数据、建立数字化的图书时,多采用该馆的电子书格式,其中如"国家档案文献库""古代文献图书馆""北大图书馆古籍图书"和"地方志图书馆"等,皆提供与汉学研究相关的资料。由于电子书以阅读为主要目的,因而多直接扫描原书,并未将原书文字转化为数码文字,无法提供检索功能。

8. 武汉大学图书馆古籍馆查询

武汉大学图书馆古籍馆以收藏历史文献为主,有线装古籍近20万册,其中善本有800余种,有300余种已收入《中国古籍善本书目》。地方志1000余种、家谱400余种,解放前历史报刊2600种。

9. 大连图书馆特色馆藏查询

大连图书馆前身为南满洲铁道株式会社大连图书馆,成立于 1907 年,特色馆藏包括明清小说全文库、满铁文献书目库、古籍文献书目库、善本书目库、罗振玉学术全文集、犹太文库书影库、旧报刊数据库、少数民族古籍书影库等。其中满铁文献约 40 万册,资料珍贵,国内外专家学者对这批资料高度重视。

10. 北京清华大学图书馆古籍查询

清华大学收藏古籍善本的历史源远流长。目前珍藏有古籍 28000 余种、近 300000 册,其中被《中国古籍善本书目》收录者 1885 种、孤本 425 种。收入《清华大学图书馆藏善本书目》者 4623 种,5086 部。

11. 中国科学院图书馆古籍善本查询

中国科学院国家科学图书馆藏有古籍 50 余万册,包括唐人写经、敦煌卷子、西夏文抄本、宋椠元刻及大量稿本、抄本、名人字画、契约、家谱等,尤以地方志和明清诗文集著称,书品上佳。特藏文献包括石刻拓片 5 万余张(件)、满铁调查报告 5 万余册、近代日文文献 6 万余册。

12. 南京图书馆古籍文献查询

南京图书馆现共有历史文献图书、报刊 230 万册,其中古籍约 160 多万册,目前已整理 100 万余册,含善本 10 余万册,包括宋元刻本近 200 部,明刻本近 7 千部。

13. 湖南图书馆古旧文献数据库

湖南图书馆收藏的丰富的古旧书刊,其中古籍线装书 60 余万册,民国间平装书 8 万余册,旧期刊 5500 余种,旧报纸 500 余种,并有至为弥贵的宋元刻本、地方志、湘籍名人手迹。

诸如此类的官方网站还有湖北省图书馆地方文献数据库、福建省图书馆地方文献专题数据库、江西省图书馆地方志查询、浙江省图书馆书目查询、四川省图书馆馆藏古籍查询系统、广东省立中山图书馆缩微文献全文数据库、广东省立中山图书馆古籍善本数据库、山西省图书馆古籍善本数据库、山东省图书馆地方文献数据中心、吉林省地方数字资源、广西桂林图书馆馆藏珍品——古籍善本、名人手稿、天津图书馆藏古籍善本图录、大连图书馆满铁文献书目库、重庆图书馆古籍地方志目录、武汉市图书馆馆藏家谱检索、济南图书馆馆藏古籍地方文献数据库、厦门市图书馆书目检索等。研究者可根据需要进行查询。

另外,香港地区和台湾地区也有古典文献查询网站可供研究者使用。如台湾中文古籍书目数据库、台湾地区善本古籍联合目录、台湾公藏明人文集联合目录及篇目索引数据库、明人诗文集初编——台湾"图书馆"善本丛刊影像先导系统、台湾"故宫博物院"善本古籍数据库、台湾地区家谱联合目录数据、台湾历史语言研究所傅斯年图书馆数字典藏系统、史语所藏内阁大库档案、台湾"总督府"及所属机构公文类纂目录查询系统、"故宫博物院"图书文献处数据库、傅斯年图书馆珍藏善本图籍书目数据库、台湾大学特藏数据库、香港中文大学图书馆馆藏目录检索系统等。

日本汉籍查询网站或数据库较多,如东京大学东洋文化研究所所藏汉籍善本全文影像数据库、东方学图书馆、东京大学总合图书馆汉籍目录、东洋文库所藏汉籍检索、国立国会图书馆、广岛大学斯波文库汉籍目录、大阪大学附属图书馆在线藏书目录、天理图书馆藏书检索系统、奎章阁等。

韩国也有一些汉籍查询网站或数据库,如韩国国立中央图书馆书目检索系统、韩国高丽大学图书馆在线图书目录检索系统、韩国延世大学图书馆在线图书目录检索系统、韩国汉阳大学图书馆在线图书目录检索系统、韩国釜山大学图书馆在线图书目录检索系统、韩国成均馆大学图书馆在线图书目录检索系统等。

欧、美、澳等国家或地区的图书馆,也提供汉籍检索,且资源也很丰富,如英国牛津、剑桥等六所大学图书馆收藏中文书籍检索(UK Union Catalogue of Chinese Books)、德国海德堡大学汉学系"中国研究数字典藏计划"、美国普林斯顿大学东亚图书馆、美国加州大学伯克利分校图书馆、美国哈佛大学燕京图书馆、美国国会图书馆亚洲部、美国康乃尔大学图书馆、澳大利亚全国中日韩文书目网络检索等。

第四节　古籍检索的意义

古代典籍是中国历史文化遗产最为重要的物质载体,面对蕴藏于浩如烟海的古典文献之中的文化思想,究竟应该如何解读,不免令人有点疑惑。一个人的精力和时间是有限的,而人类知识的积累又绝非一个人所能把握的,如果我们不能大幅度地提高自己的学习效率,而是将有限的时间、精力都花费在浩繁、琐碎的翻检工作之中,那么还谈何学术进步呢? 为此,我们需要有经过认真梳理的,反映全部前人研究成果的古典文献文本供学术界使用,需要有便捷、高效、准确的查询工具为人文学术研究服务。古典文献数字化是一项重要的人文学术研究基础工程,不仅需要全体学术研究者和计算机专家的勤奋和努力,更需要现代化技术的支持。我们认为,利用计算机及网络技术进行深入的古典文献整理工作,在当今数字化时代势在必行,它必将大幅度地提高我们学习中国古代文化的效率,定会把学者的时间和精力从艰苦而繁琐的爬梳、翻检工作中解放出来,用于推动人文学术研究的发展。

这些古典文献,负载着厚重的中华文明,凝聚着民族智慧,是祖先留给我们的一笔庞大的精神遗产。人类文明的每一次进步,都伴随着技术的进步。古典文献数字化将传统文化与现代信息技术结合,在社会分工日益明晰的今天,也顺应了人的全方面发展的需求。对当今社会的意义,大而言之,就是肩负着传承中华文明的重要使命;小而言之,就是为学术提供研究利器,满足新时代阅读古典文献的多方面、多层次需求。

古典文献数字化的意义有很多:数字化的古典文献已经显露了它在信息传播和利用上的极大优势,它可无限制地复制,成为取之不尽、用之不竭的资源;四通八达的计算机网络,可使古典文献实现不受时空限制的共享,避免了运输和分配的问题。古典文献资料汇集后会产生新的信息,对研究工作非常重要。但要汇集大量古典文献并加以整理,仅靠人力几乎不可能。数字化后的古典文献以其信息容量巨大、检索快捷方便、强大的检索功能、对现代人的实用性等传统纸质出版物无法替代的优势,深受学术界和读者的欢迎,这无疑将扩大古典文献的使用范围和使用效率。

一、解决了保护与使用之间的矛盾

古典文献数字化是大势所趋,它解决了古典文献的保护与使用之间的矛盾。古典文献是前人遗留给我们的宝贵文化遗产,从数量上来说不会再有大的增长,而且我国古典文献多为纸质文献,饱经兵乱战火,传世甚罕,除了具有重要的史料价值外,还具有很高的文化价值。这些古典文献中还有不少是珍本甚至孤本,难以适应读者的直接反复查阅,一旦损坏,将造成难以挽回的损失,因此永远保存这些现存古典文献,是历史赋予我们的神圣职责。如何实现古典文献的长久保存是首要的问题。长期以来,在做好防虫、防霉等基础工作的同时,许多古典文献保存单位采取的是通过严格限制古典文献使用的手段,以达到保护古典文献的目的,但这显然违背了"书是为了用"的原则。因此古典文献数字化也是使用古典文献的需要,利用数字产品易于保存的特点,将古典文献制成数字产品,既可以达到永远保存古典文献的史料价值的目的,又能充分挖掘古典文献的文化价值和史料价值。古典文献中有些纸张已经变质变脆，不能流传阅读，而有些孤本、珍本需要珍藏，也无法正常流通使用。况且在我国目前条件下，古典文献分别保存在全国各地的古典文献收藏单位中，有些珍贵古典文献往往只存在于某一单位。因此，研究者要使用这一古典文献时，必须从所在地专门到这一单位使用，造成使用上的不便。并且由于古典文献的珍贵性，许多收藏单位在向读者提供古典文献使用时，需要履行十分繁琐的手续，这更加深了使用上的不方便。而且，如果使用次数过多，对于古典文献的保存十分不利，所以各古典文献收藏单位都尽量减少古典文献的使用频率。为了保存这些古典文献，以前一般采用再版方式印刷，使其内容得以传承延续。古典文献数字化以后，利用数字产品易于保存的特点，达到永远保存古典文献的目的，减少了对古典文献原本的直接使用，便于其长期保存。人们通过计算机来阅读数字化的古典文献，既可以看到与原版一模一样的古典文献，又不会对古典文献造成损坏，这对于古典文献收藏者和研究者来说都是一大喜讯。古典文献的传播与普及还得到了更好的实现，并且使古典文献资源得以有效的开发、利用及很好的保护。

从以上分析可以看出，古典文献数字化是缓解日益严重的古典文献使用与保存这一特定矛盾的有效解决之道。通过古典文献的数字化，人们可以很方便地利用古典文献，这对古典文献研究工作将产生巨大的推动作用。同时，数字化的使用又是以不损坏古典文献为前提的，对古典文献的保存也是十分有利的，若干年之后，人们仍然可以看到现在的古典文献。这对于传播中国传统文化，保存前人的思想智慧，都具有十分重大的意义。现代技术的发展也为古典文献数字化提供了可能。用于古典文献数字化的技术主要涉及到将古典文献转化为数字形式所采取的转换技术，数字化古典文献的存取技术及古典文献数字化后的网络技术。随着科学技术的发展，一切技术上的问题都将得到圆满的解决。

因此古典文献数字化不仅是必要的，而且是可行的。它摆脱固有的"古"像，摆脱给人们造成的高深莫测、查检繁琐的印象，拉近古典文化同现代人的距离，满足人们日益增长的对于古典文献使用的需要，其发展空间和利用范围得到了扩大。它让保管与利用的矛盾得到了圆满解决。

二、推动了古典文献信息资源的共享

古典文献是中华民族历史中重要的文献信息资源，这是一个庞大的文化信息交流传播的网络,有着庞大的需求空间。如今,数字化的古典文献与优良的网络环境,完备的检索条件和手段密切结合,为古典文献网络资源共享提供了可能性。同时古典文献的应用与研发有着天然的亲合关系,数字化的古典文献因其数据的标准化、规范化,为其文献检索提供便利,极大地促进了资源共享,也是共建共享的一个基础。它使古典文献成为网上的共有资源,不再为某一馆或某一区所独有,也不再受时间、地域、资格和文献体裁的限制,为古典文献资源的共享提供了最大的可能性。网络系统全天 24 小时接待访问者,全球上网人员可自由使用,并具有更新快、时效性和可查性强等特点,其信息量大且密度高,从而使信息资源共享有了更加广阔的现实意义。资源共享为古典文献数字化提供了广阔的发展空间。在新的互联网技术的推动下,人类正在以惊人的速度发展,在昨天看来不可能实现的目标,只要投入足够的人力、物力、资金,今天即能很快实现。古典文献资源共享有馆际互借、相互交换、为读者(用户)复制所需的文献资料、互送各种书目索引、建立数据库、实行联机检索等方式。而在网络环境下,运用现代科技手段,实现古典文献数字化是其资源共享的必然要求。各方可以充分发挥各自的优势,形成整体的共同力量,把浩如烟海、连续完备的古典文献资源推上互联网,这是信息市场发展的大趋势。网络的运用使古典文献数字化有了广阔的发展空间,可以实现充分的资源共享,人们只需把自己的计算机连网,就可以实现足不出户而遍查天下古书。

三、“国学”研究的数字基础

“国学”主要指传统的中华文化与学术,主要在于人文哲学与历史领域的训诂、考证、音韵、校雠等,以及围绕着国学典籍的校释、笺注等研究整理工作。20 世纪 90 年代以来,伴随着大众文化的兴起,国学热也在中国大陆悄然升温,从 90 年代前期的所谓国学热,到今天的真正国学热,并逐渐成为一门显学,对中国传统文化的学术研究有着积极的推动作用。国学究竟应该如何研究? 在以前有一部十七史,令许多新研究者不知从何说起的感觉。之所以有这种感觉其主要是研究范围太狭窄,注重功力而忽略理解,缺乏参考比较的材料等积弊;关键是缺少对古典文献的系统整理,又不注重学术成果的积累。针对“国学”研究者治学方法的缺陷,必须系统地整理古典文献,包括索引式、结账式和专史式的整理。国学研究需要占有大量历史资料、阅读大量古典文献,需要熟悉前人对国学研究的成果,这就要依赖数字化的中文古典文献。同时,国学热对于文化传播的意义就不同了。在社会文化层面,除了研究古代文化的学者外,知识界和一般社会大众对于传统文化只有一知半解。总体上说,新中国成立以来,把传统文化一棍子打倒的风气影响很深,传统文化长久地与人民相隔绝,无法成为人民生活的精神资源。因此,一方面阐发优秀传统文化的意义,纠正许多20世纪特殊条件下形成的错误的文化观念;另外一方面把中国古代的经典要籍,把中国古代各种文化形式所蕴含的内容,以数字化的形式传播给社会大众,使得人们有对传统文化"再学习"的机会,这些都是古典文献数字化的推动力。国学热给数字化的古典文献创造了市场,也提供了机遇。在社会道德价值亟须重建的时代,在人们精神文明需求日益增长的今天,国学渐成显学,这对数字化的古典文献需求非常迫切,必将推动国学研究的进程。

经过二十来年的快速发展,数字化中文古典文献的总量已经十分可观,程序提供的检索手段也已经相当完善。在这种日益强大的检索手段基础上,数字化的系统中如果能辅以更加智能化的统计、分析、综合、判断程序,那么以人工智能为支撑的信息技术在古典文献整理和"国学"研究方面将产生划时代影响。同时数字化引起"国学"研究者思维方式的改变,古典文献数字化对中国学术研究产生积极作用,极大地推进了学术活动的深入开展,给科研注入了创新活力,这些都是业已存在的事实。我们认为,学术研究中最基本的素养就是要善于反思,反思的重要性在于利用检讨的手段达到改进和完善的目的。事物具有两面性的真理告知我们,古典文献数字化也是一柄"双刃剑",看到"利"的同时不能忽略其"弊"。因此,我们应认真对待数字化时代因阅读和写作方式的变化所导致的思维方式的改变。

因此,古典文献数字化是一项重要的"国学"研究的基础工程,不仅需要全体"国学"研究者和计算机专家的勤奋和努力,更需要全社会以及现代化技术的支持。我们认为,利用计算机及网络技术进行深入的古典文献整理工作,为研究者提供有经过认真梳理的,反映全部前人研究成果的古典文献文本供学术界使用,有便捷、高效、准确的查询工具为国学研究服务,在当今数字化时代势在必行,它必将大幅度地提高我们学习中国古代文化的效率,将学者的时间和精力从艰苦而繁琐的爬梳、翻检工作中解放出来,用于推动"国学"研究的发展。现代数字技术的发展,大型古典文献的相继数字化,以及网络信息技术的突飞猛进,给国学研究的方法视野、普及传播及研究者的素质观念等带来新的变革。此外,积极建设网上古典文献资源库,提供丰富而优质的数字化古典文献,这将有利于"国学"的交流,为"国学"研究热打下坚实的基础。

四、一项系统性的国家工程

古典文献数字化建设工程是国家大事，是一项系统性的工程。古有熹平石经、正始石经，公诸天下。其现代形态正是今天的古文献全文数据库，不可能依靠民间或大学的零打碎敲来做。中国大概有几百个地方做数据库，低水平重复，浪费大又增加了使用方式的繁杂和混乱，用的也多是国家的钱，即使是个人的精力和财富，也是天地之珍、人文之托、国家之有，容不得闲抛闲掷。它不仅仅是一个国内孤芳自赏的小项目，只有通过政府、各机构组织、企业、个人及国内国际的通力合作，传统古典文献才能全面实现数字化，才能使我国数千年来的宝贵文化遗产进一步发扬光大。有些商业机构也想"以经济工作为中心"做数据库，结果却炒热了市场、封杀了用户。中文古典文献数字化工程如果商业化，将是对中国人文科学研究的阻碍，少数占有原本和资金支配权的个人，可能会为了私利而延误了中国国学的飞跃。中文古典文献数字化建设工程虽是中国国事，也是天下公事。古典文献数字化项目的国际性合作也是其发展的一个模式，其范围和规模也将进一步扩大。这对解决古籍数字化的资金、技术瓶颈无疑是有益的。境外除了中国香港和中国台湾外，日本、韩国、美国、欧洲都有中国文化的研究机构，并动用他们国家和基金会的经费制作中文古典文献全文数据库，其质量不在国内水平之下。中文古典文献数字化工程将成为一项国事做统一规划、统一落实。

第五节　古籍检索的未来

古典文献数字化通过二十几年的发展，取得了巨大的进步，当前的古典文献数字化工作可以用欣欣向荣来形容，政府、学术团体乃至一些企业都在做，很多大型古典文献检索系统的出现就充分证明了这一点。但作为一个新兴事物，它还面临着许多有待解决的问题，如缺乏一定的引导，缺少行规，在数据质量、数据内容等方面存在诸多问题。例如个别数字化资源随意节选，以讹传讹，对读者产生了误导，也给研究人员使用带来了阻碍，加之部分数字化不注意对传统文化的选择，为了迎合读者，选取古典文献中的糟粕，产生了不良的社会影响。针对这些问题，我们认为应该制定一些行业的统一规则，逐步消除不良的影响。这些行业规则，在目前的情况下可以是约定俗成的，只要业内大家认可就可以了,这样比较实际又能解决燃眉之急。这些问题给古典文献数字化未来的发展提出了巨大的挑战,只要认真面对,努力解决,才能实现对古典文献数字化的展望,才能让世人更好地使用我国的中文古典文献资源。在古籍数字化的过程中,以下技术和目标将会逐步采用和实现:

一、超文本技术将得到广泛应用

超文本系统为组织知识信息提供了非线性的表达方式,它利用计算机将文件分成文件单元,并建立相关文件单元的内部链接,读者使用时,可"点击"超链接,查询相关信息。古籍文献的正文、校勘、参考文献等部分之间的关系是典型的非线性结构,超文本系统可以很好地表达它们之间的关系。

二、实现古籍数字化的标准化和规范化

可由中国图书馆学会古籍整理专业委员会牵头,以国家图书馆、上海图书馆、南京图书馆为龙头,在深入研究的基础上,确立古籍数字化的统一著录格式和标引方法。古籍数字化后,要研制与用户要求相匹配的系统,以确保数据库的使用性能。

三、网络化是古籍数字化,特别是古籍善本数字化的发展趋势

当古籍数字化在全国各主要图书馆实现后,就可以以网络为纽带,建立古籍数字化地区联合数据库和全国性数据库。随着网络的发展,中国丰富的古籍资源将会在网上传输,供国际互联网的用户共享。

四、制作善本古籍数字化的辅助软件和电子工具书

在古籍数字化的过程中,需要制作利用善本古籍专门软件,如有学术价值的书目解题、古籍专家对善本书的简短评介等导读鉴赏资料;此外,还需要阅读古籍的各种工具书,如《汉语大词典》、人物生卒年考证等书。只有解决阅读中的"拦路虎",才能提高读者阅读古籍的兴趣,从而达到对读者进行传统文化教育的目的。

五、数字式照相将成为古籍数字化的主要方式

由于扫描速度较慢,且受幅面的限制,采用 A4 幅面的扫描仪,往往扫不下一些古籍完整的幅面,因而不能保持古籍的原貌。A3 扫描仪售价要比一般数字照相机贵,且只能解决约 90% 的问题。古籍善本的录入,一些特殊规格的古籍,如特大开本的古籍,只能通过其他技术处理后再转换扫描。而数字照相机的拍摄不受幅面限制,所以数字式照相将成为古籍数字化的主要方式。近几年来,随着数字图书馆建设的进行,国家资金的投入和各方面专家的努力,古籍数字化的工作得以顺利进展。随着古籍数字化项目的开展,我国五千年的优秀文化将得以更好地继承和发扬。

六、古籍出版社利用自有资源制作数据库

出版古籍的出版社拥有大量的古籍资源,利用自有资源制作数据库是未来数据库的发展方向之一。如"中华经典古籍库"(网络版)是中华书局推出的古籍类大型数据库。所收图书均为中华书局点校出版的整理本古籍,涵盖经史子集各部,包含了二十四史、新编诸子集成、十三经清人注疏、史料笔记丛刊、古典文学基本丛书等经典系列。截至 2022 年,近 7000 种图书,累计约 22.5 亿字。又如国家图书馆出版社的中华再造善本数据库,根据精选珍善本全文扫描后再印制出来,数据库使用扫描图像进行了加工。再如由陕西师范大学出版社出版的综合性大型数据库"汉籍数字图书馆",共收录先秦至民国历史经典名著及各学科文献近 9 万种,120 万卷,数据总量 1814G,是目前最大、最全面、最权威的古籍库。"汉籍数字图书馆"所收书籍采用 PDF 图像格式,原版原式,忠于史实,确保了古籍文献的准确性、完整性和学术研究价值。

第十章

类书与地方志

类书是辑录一类或数类资料,抄集群书词、句、段、篇,按照一定的方法编排,供人检索的一种工具书。类书在编纂过程中大多直接采录原始文献,由于兵燹、火燹等因素,一些图书往往失传,通过辑录类书中的佚文,或能再现已佚书籍的内容。地方志形成于隋唐时期,宋、明、清方志工作多由中央政府主持修撰。地方志内容丰富,含有重要的文史资料,现在已形成一门显学"方志学"。

第一节　类　书

一、类书及其起源

类书的历史非常悠久,早在三国时期,魏国缪袭、王象等人奉命编撰的《皇览》被认为是我国古代第一部类书。宋王应麟《玉海》:"类事之书,始于皇览。"[①]《四库全书总目》卷一百三十五《事类赋》提要:"类书,始于皇览。"[②]《三国志·魏书·文帝纪》:"初,帝好文学,以著述为务,自所勒成垂百篇。又使诸儒撰集经传,随类相从,凡千余篇,号为《皇览》。"[③]全书共分四十余部、八百多万字。为什么三国会出现类书呢? 第一,汉魏之际,文风华靡,盛行排偶,动辄征引故事,非常需要可以查阅词语典故的工具书。类书就是在这种学术风气中产生的,它为文人著书立说提供了方便。第二,汉魏之际,抄书成风。类书正是汇抄群书的产物。第三,三国重视藏书,藏书众多为抄撰类书提供了资料保证。第四,汉魏之际,图书分类已经有了较高水平。

二、类书的功用又使诸儒撰集经传,随类相从

1. 查找史料

类书包罗万象,摘录的又多是古书原文,经过精心编排,方便查阅,这就为我们查找史料提供了极大的便利。如我们在《太平御览》中查"交友"这一主题,就会得到263条关于交友的材料,其中包括交友的理论、交友的故事、诗文等。例如,《周易》曰:"二人同心,

①　王应麟.玉海[M].南京:江苏古籍出版社,1987:1025.
②　永瑢等.钦定四库全书总目[M].北京:中华书局,1965:1145.
③　陈寿.三国志[M].北京:中华书局,1959:88.

其利断金。同心之言,其臭如兰。"《诗·小雅·常棣》曰:"虽有兄弟,不如友生。"

2. 查找辞藻

写诗要对偶、要用典,还要有出处。例如《初学记》卷三《秋》中的"事对",罗列了对偶词语:露下——风高、木落——草衰、露叶——霜条等 26 对,且一一注明出典。又如《佩文韵府》卷二十六上《尤部》"秋"字条罗列"春秋""三秋""仲秋"等二百四十个以"秋"为词尾的词语,每个词语都注明出典。不仅写作的时候可以利用这些辞藻,而且我们为古诗作注释的时候也能从中得到启发,找到古诗的出典。除此之外,《佩文韵府》还有一样重要的用途,那就是查询诗句的著者和诗题。如若想要查出"野旷天低树,江清月近人"的全诗及作者,只需到《佩文韵府》中查询"野旷"词条,便能查到。

3. 校勘、考订古书

赵守俨《校史浅谈》云:"唐宋类书如《北堂书钞》《艺文类聚》《初学记》《太平御览》《册府元龟》《玉海》等,都是我们校勘古书的重要凭借。"①又云:"如《魏书·乐志》有脱页,清代卢文弨据《通典》补了几十个字,后来陈垣先生又据《册府元龟》卷五六七把它补全。然而此书《礼志》四及《刑罚志》也有脱页的现象,因为文字貌似衔接,从而长久以来未被发现。十几年前唐长孺先生整理《魏书》时发现了这个问题,于是乎在《册府元龟》卷五八一和六一五中找到了所缺文字,把脱页补上。"②

4. 辑佚古书

类书是大量摘引古书原文而成的,所以是辑佚书的重要来源。例如《太平广记》所引用的古小说大约五百种,要想找寻大半失传的原书,可从《太平广记》中辑出这些古小说的佚文。

三、类书分类

就编者区分,有官修和私修两类:官修如《皇览》《艺文类聚》《初学记》《太平广记》《太平御览》《册府元龟》《古今图书集成》等;私修如《玉海》《唐类函》等。二者相比,私修较多,但由于人力、财力等原因,官修规模大。

就征引材料的体裁区分,有征引史实者如《华林遍略》《册府元龟》等;有征引诗文者

---

① 赵守俨. 赵守俨文存·校史浅谈[M].北京:中华书局,1998:338.
② 赵守俨. 赵守俨文存·校史浅谈[M].北京:中华书局,1998:339.

如《佩文韵府》《骈字类编》等；有史实诗文兼征者《艺文类聚》《初学记》《太平御览》等。三者相比，以史实诗文兼征者为多。

就编排体例区分，有分类编排者，如《艺文类聚》《初学记》等；有按韵编排者，如《永乐大典》《佩文韵府》等；有以数字编排者，如《小学绀珠》等。三者比，以分类编排者为多。

四、类书举要

1.《北堂书钞》一百六十卷，唐虞世南撰

此书系虞世南任隋秘书郎时所编。"北堂"是隋秘书省后堂。世南，字伯施，越州余姚人。在唐朝官至银青光禄大夫、弘文馆学士，极受太宗尊重。太宗称世南有五绝：德行、忠直、博学、文辞、书翰。世南卒，太宗曰："石渠、东观之中无复人矣。"①未几太宗为诗一篇，追述往古兴亡之道，继而叹曰："钟子期死，伯牙不复鼓琴，朕之此诗，将何以示？"②令褚遂良诣其灵帐读讫焚之，冀世南神思感悟。

《北堂书钞》是现存最早的一部类书。原本 173 卷，分 80 部 1801 类，每类先以大字摘抄群书字句，后以双行小字注出书名或列出原文。现存《北堂书钞》已非原本。过去人们常把此书当作唐代类书，其实，此书应当成于隋代。此书宋元以来流传得并不广泛，且有残缺，直到明万历二十八年才有陈禹谟刻本，陈氏有所增删，破坏了原书面貌，不是善本。清嘉庆间孙星衍得到元末明初陶宗仪的钞本，称为影宋钞本，约请严可均、王石华、洪颐煊、王引之、钱东垣、顾广圻等校订，差数十卷未完成。后归何梦华，又归闽人陈兰邻。同治四年周星诒以重金购得，为镇库之宝，颜藏书处曰"书钞阁"。后星诒亏公帑无以偿，蒋凤藻资助三千金，乃以藏书归蒋氏，遂为秦汉十印斋所有。蒋氏之后又归常熟翁斌孙，建国后翁氏后人翁之熹以藏书捐献国家，今藏北图。当此书在周星诒书钞阁时，光绪七年南海孔广陶尝借去二百日，鸠工影抄，并分辨诸家校语，以五色笔分别录之。又与三个儿子以及林国赓、傅以礼等续加校订，至光绪十四年刻成，名《影宋北堂书钞》一百六十卷。这是迄今最完善的刻本。

《北堂书钞》引书八百余种，其中十之八九已亡佚，而且都是隋以前的古书，因此在辑

---

① 刘昫，等.旧唐书[M].北京：中华书局，1975：2570.
② 刘昫，等.旧唐书[M].北京：中华书局，1975：2570.

佚方面用途很大,在校勘现存古书方面也极为有用,另外其中还保存大量史料,因而是一部重要类书。

2.《艺文类聚》一百卷,唐欧阳询等编

此书系唐高祖李渊武德五年命欧阳询、令狐德棻等十余人编集,历三年完成,至今保存完整。《艺文类聚》的体例是"事居其前,文列于后"。在此之前,汇"文"而为总集,聚"事"而为类书,判若两途。《艺文类聚》合二为一,对后世产生深远的影响。如卷四十三《乐部》三《舞》,先列《尔雅》《尚书》至《吴书》关于舞的材料二十五条。然后列诗十三首、赋三篇:后汉傅毅《舞赋》、张衡《舞赋》、梁简文帝《舞赋》。由于《艺文类聚》比较完整,成为后世辑佚的宝库。当然,此书内容也有缺点,例如山部五岳只有华山、嵩山和衡山。

3.《初学记》三十卷,唐徐坚等编

《大唐新语》卷九:"玄宗谓张说曰,'儿子等欲学缀文,须检事及看文体。《御览》之辈,部帙既大,寻讨稍难。卿与诸学士撰集要事并要文,以类相从,务取省便,令儿子等易见成就也。'说与徐坚、韦述等编此进上,以《初学记》为名。"① 可见《初学记》是为辅导太子学习而编。《初学记》的编例集中了《北堂书钞》《艺文类聚》等书的优点,共有 23 部,313 子目,每子目又包括叙事、事对、文选三个部分。叙事即汇抄有关事件,经过精心编排,把类事连缀起来,成为一篇说明文;事对即将有关事件浓缩为对偶词语,两两相对,以便选用;文选即汇抄有关诗、赋、赞、铭等。此书主要版本:A.宋绍兴十七年东阳崇川余四十三郎刊本,作《新雕初学记》三十卷。日本宫内省书陵部藏。B.明嘉靖十年安国桂坡馆刻本。C.明嘉靖十三年晋府虚益堂刻本。D.清乾隆内府刊《古香斋袖珍十种》本。E.1962 年中华书局排印司义祖点校本,用古香斋本为底本,校以桂坡馆本以及严可均、陆心源校,制成《校勘表》附各卷后。1979 年重印。

4.《太平广记》五百卷,宋李昉等编

此书有 92 类 150 多细目。宋太宗命李昉等编,太平兴国三年成书。六年正月进行雕版印行。此书在每条细目下罗列故事,各条故事都有小标题,末尾注明出处。所收纳的都是汉晋至北宋初的小说、笔记、野史等书的故事,所以《四库全书》将其归为小说家。认为其是"小说家之渊海"。这部书保存了近 7000 则故事,其中主要是小说,这些小说如果

① 刘肃.大唐新语[M].北京:中华书局,1984:137.

没有《太平广记》收录保存,恐怕大半已经亡佚了,研究小说史恐怕完全会处于另一种条件之下。所以这部书的第一大用途是提供小说史料。第二大用途是用于小说辑佚。除小说外,本书还有大量历史人物事迹、典章制度、名物、地理、风俗、中外关系、科学技术方面的史料。

《太平广记》对宋以后的文学有很大影响。例如《太平广记》中的唐元稹《莺莺传》,是《西厢记》的创作依据。最早存于《太平广记》的唐李朝威的传奇小说《柳毅传》,在元代被尚仲贤改编成《洞庭湖柳毅传书杂剧》(《元曲选》本)。宋元话本、明清拟话本及宋元明清小说以《太平广记》中的故事为蓝本的也屡见不鲜。

5.《太平御览》一千卷,宋李昉等编

此书系北宋太宗在太平兴国二年命李昉等修编八年而成。《玉海》卷五十四:"太平兴国二年三月戊寅诏翰林学士李昉、扈蒙、左补阙知制诰李穆、太子少詹事汤悦、太子率更令徐铉、太子中允张泊、左补阙李克勤、右拾遗宋白、太子中允陈鄂、光禄寺丞徐用宾、太府寺丞吴淑、国子寺丞舒雅、少府监丞吕文仲、阮思道等,同以前代《修文御览》《艺文类聚》《文思博要》及诸书,分门编为一千卷。"①

根据张忱石《永乐大典史话》:"《太平御览》共分 55 部,每部又分若干类,共计 5426类,每类之下罗列关于此类记载的书籍,再根据经史子集排列顺序。《太平御览》前面有《太平御览经史图书纲目》,即所引用的书目,不包含诗赋,共列 1690 种。据聂崇岐研究,这个书目并不齐全,且内部有过多重复,经近代学者核实,其实际引书多达 2579 种。且这些古书十之七八已亡佚,因而它是辑集佚书的重要来源。"②

这部书在校订古书、辑佚书方面的功用历来受到重视。但需要明确的是,《太平御览》所引古书丰富,但这些书并非北宋初都存于世,所以《御览》编者并未完全见到这些原书。根据《玉海》引《太宗实录》,此书是据《修文殿御览》《艺文类聚》《文思博要》等类书编成。《修文殿御览》360 卷,是北齐后主高纬命人敕修的,其蓝本是梁武帝萧衍敕修的《华林遍略》700 卷。《文思博要》1200 卷则是唐太宗贞观十年命高士廉、房玄龄等十六人编修。这些类书后来都失传了,但北宋初年这些类书还在时,《御览》利用这些类书作基础。因此,《御览》材料并非全从原书来,有相当多是从旧类书转引而来,这就可能使得引

---

① 王应麟.玉海[M].南京:江苏古籍出版社,1987:1030.
② 张忱石.永乐大典史话[M].北京:中华书局,1986:4.

文脱误增加,可靠性降低。《四库提要》评价《御览》"难读",原因之一就是脱误太多,原书失传又无以校正。例如前面我们举的《鸳鸯》条,引《搜神记》,与传世的《搜神记》核对,就发现文字颇有出入。可见,利用《御览》及其他类书校订古书,应慎重。《太平御览》的版本主要有:

(1)南宋庆元五年成都路转运司刻本,日本宫内厅书陵部、京都东福寺藏,均不全,计存目录十五卷,正文九百四十五卷。

(2)南宋中期刊本,存三百六十六卷七十六册,明文渊阁故物,清末归陆心源皕宋楼,陆书售日本,现藏东京静嘉堂文库。

(3)日本安政二年(1855)至文久元年(1861)江都喜多邨氏学训堂活字印本。此据影宋钞本排印,版心刻工亦照排,源出宋蜀刻本。

(4)1935年商务印书馆据宋蜀刻本影印,其中卷四十二至六十一、一百十七至一百二十五共二十九卷配静嘉堂宋本。又卷二十一、六百五十六至六百六十五、七百二十四至七百三十八共十六卷及他卷缺页二十六页均用喜多邨氏活字本配齐。1960年中华书局又据商务本影印为四大册,是现今最善之本。

(5)明万历元年倪炳刻本。

(6)明万历二年周堂铜活字印本。

(7)清乾隆《四库全书》本。

(8)清嘉庆九年至十四年张海鹏从善堂刻本。

(9)清嘉庆十二年至十七年鲍崇城刻本。

6.《册府元龟》一千卷,宋王钦若等编

宋真宗景德二年,由王钦若、杨亿、钱惟演等十五人修编,历时九年,于大中祥符六年成书。此书主要记录从上古到五代间君臣事迹。取材以正史为主,也杂有经、子,不辑录杂书、小说。全书分三十一部一千一百零四门。每部有总序,每门又有小序。大小序都能辨明源流,贯穿古今。小序后罗列历代人物事迹,各门材料按年代先后排列。但材料不注出处。因此用来校订史文,辑集佚书,很不方便。

《册府元龟》用途很大。这部书卷数与《太平御览》相同,但篇幅却是《御览》的两倍。而且取材以史书为主,这就使得其中史料的丰富密集程度大大超过《御览》。其中所引十七史都是北宋时期的本子,又可以校补十七史的讹脱。保存唐五代史料也十分丰富。故可以把《册府元龟》与正史对读,可用于史料的补充。主要版本:

（1）宋刻本，中华书局影印，不全。

（2）明崇祯十五年黄国琦刻本。

（3）《四库全书》本。

7.《永乐大典》二万二千八百七十七卷，明解缙等编

《永乐大典》22877 卷，目录 60 卷，共 10095 册，约三亿七千万字，汇集了古今图书七八千种。永乐元年明成祖朱棣命解缙、胡广、姚广孝、杨士奇等修编的大型类书。永乐二年十一月初次告成，初名《文献大成》，但明成祖阅后甚为不满，命姚广孝等人重修并扩大编纂队伍，于永乐六年成书，后明成祖亲自撰写序言并赐名《永乐大典》。其宗旨是："凡书契以来经史子集百家之书，至于天文、地志、阴阳、医卜、僧道、技艺之言，备辑为一书"。

《永乐大典》的体例是根据《洪武正韵》的韵目："用韵以统字，用字以系事"。各韵分列单字，先注音，再录字书、韵书的解释，再列该字的篆、隶、楷、草各种书体，然后再汇集与该字有关的天文、地理、人事、名物，以及诗文、词曲等。有关资料整段、整篇，甚至整部地抄入。引用书名及圈点用硃色，检查醒目。对名物器什、山川地形，都绘有精致的插图。抄写全用工楷，极为端正。书页使用白棉纸，封皮则用粗黄布硬裱，十分精美。

《永乐大典》纂成后，被放置在南京文渊阁的东阁。永乐十九年明成祖移都北京，挑选了一部分藏书带到新都，《永乐大典》在正统年间正式被放置在文楼中。正统十四年，南京文渊阁大火，《永乐大典》所据原稿付之一炬。嘉靖三十六年，宫中失火，《永乐大典》正本差点毁于大火。嘉靖四十一年，明世宗任命高拱、张居正等人负责重录工作，在隆庆初年告成。光绪二十六年庚子事变，翰林院被人放火焚烧，无数图书、书版包括《永乐大典》残存部分大都毁于一旦。少部分被外国使馆人员趁火打劫，抢掠而去。事后，译学馆官员刘可毅从废墟的马槽下捡到《大典》数十册。现在存于国内外的残卷 808 卷，中华书局影印本收入 797 卷，约全书的 3.4%。

8.《古今图书集成》一万卷，清陈梦雷等编

本书约 1.6 亿字，仅次于《永乐大典》，是现存最大的类书。康熙四十年十月到四十五年四月由陈梦雷主持修成，名《古今图书汇编》，后康熙帝赐名《古今图书集成》。历时两朝二十八年，采集广博，内容丰富，正文 10000 卷，目录 40 卷，共分为 5020 册，520 函，42 万余筒子页，1 亿 6 千万字，内容分为 6 汇编、32 典、6117 部。全书按天、地、人、物、事次序展开，规模宏大、分类细密、纵横交错、举凡天文地理、人伦规范、文史哲学、自然艺术、经济政治、教育科举、农桑渔牧、医药良方、百家考工等无所不包，图文并茂，因而成为

查找古代资料文献的十分重要的百科全书。

该书分六汇编：历象汇编、方舆汇编、明伦汇编、博物汇编、理学汇编、经济汇编。六汇编下各分若干典，共三十二典。典下又分部，共6109部。每部分汇考、总论、图、表、列传、艺文、选句、纪事、杂录、外编等。（外编收录无关轻重或荒唐无稽的材料）。由于这部书把重要的古代文献几乎都涵盖在内，实际上相当于"二十四史主题分类汇编"、"十三经主题分类汇编"等，所以在查找资料方面能够做到相对完备。《古今图书集成》的主要版本有：

（1）第一次印本称"武英殿印本"，系清康熙帝敕令编纂。最初由陈梦雷纂集，于康熙四十年（1701年）十月至康熙四十五年（1706年）四月完成初稿，称《古今图书汇编》。到雍正帝即位，又命蒋廷锡等重新编校，于雍正四年（1726）定稿，改"汇编"为"集成"，雍正六年（1728年）完成，这是《集成》的初版。武英殿印本共印成64部、576函、分装5000册、又目录20册。印刷时字采用聚珍铜字排版印刷，图以铜镂版印制，采用的纸张有两种，一种为开化纸印本，一种为太史连纸印本。两种纸质量上乘，印刷精细，装帧富丽，美观大方。

（2）第二次印本，称"铅字本"或"扁字本"。光绪十年（1884年）设立图书集成印书馆，用三号扁体铅字排印，费时四年，于光绪十四年（1888年）印成，绘图部分为石印，用的是连史纸。每半页十二行，行三十八字，细黑口，单栏，鱼尾下小字印明汇编、典、卷、部、项目、页数。共印1500部，每部分1620册，另有8册目录。该版由于校勘不精，讹脱颇多，不称善本，但从此《集成》广泛流传。

（3）第三次印本，称"同文版""光绪版"。光绪十六年（1890年），光绪皇帝下令石印《集成》，由上海同文书局承办，于光绪二十年（1894年）完成，照殿本原式印出100部。此版增刊了《考证》二十四卷，这是"铜活字版"和"扁字体版"所没有的。《考证》订正了引文的错误及脱缺，皆核对原书，每书正文仍是5020册，合《考证》24册，共5044册。此次印刷校证详细，精细加工，所以印出的本子墨色鲜明，胜过殿本。这个印本，一部分运到外地，留存上海栈房的后被火烧毁，所以这个本子流传稀少。

（4）第四个印本，称"中华书局版""中华版"。1934年，《集成》由上海中华书局缩小影印，它是依康有为所藏的铜活字原印本缩小印刷。将原书九页缩为一页，仍旧白口，四周双边。每半页二十七行，行二十字，版口中缝上端大字印《集成》，双线，单鱼尾，鱼尾下小字印明汇编、典、卷、部，中缝下端双行分印册次、页码和"中华书局印"字样。缩印后的字大小如新四号铅字,边框及字迹十分清晰,用江南造纸厂的加重连史纸,线装装订808册,1—6册为目录,7—800册为正文,801—808为《考证》。此版校勘精细,字迹清晰,墨色均匀,查阅方便,切合实用,是迄今最通行、最精善的本子。

（5）第五版是精装本,1984—1988年由中华书局和巴蜀书社联合出版,重新影印1934年版,统一编页码,增附索引,共82册(含考证、索引各一册)。

（6）第六版是由2006年中国大陆齐鲁书社与国家图书馆合作,把馆藏雍正铜字版原大小影印,手工线装出版50套。

9.《佩文韵府》四百四十四卷《韵府拾遗》一百十二卷,清张玉书等奉康熙帝之命编纂

清代官修大型词藻典故辞典之一,专供文人作诗时选取词藻和寻找典故,以便押韵对句之用的工具书。"佩文"是康熙的书斋名,即命此书为《佩文韵府》。其正集四百四十四卷,引录诗文词藻典故约一百四十万条。

《佩文韵府》以元阴时夫《韵府群玉》和明凌稚隆《五车韵瑞》为基础,再汇抄类书中有关材料增补而成。本书按平水韵分平、上、去、入四声,每一声按韵目依次排列,每一字下注出反切音和较早的字义,下收尾字与标目字相同的词。收词又分"韵藻""增""对语""摘句"四类,每类以构词字数排列。"韵藻"为阴氏、凌氏两书原有部分;"增"为阴氏、凌氏两收未见补之词;"对语"为二字、三字对使词;"摘句"为以该字为尾的五、七言诗。同字数的词以经、史、子、集为序,兼顾时间。每词下引古书用例,少一二条,多者数十条,引文一般只注书名,引诗只标作者。每一韵部后有"韵藻补"一项,收不见于阴、凌两书之字。

《佩文韵府》所收之词,上自先秦典籍,下至明代文人著作,至今仍然是人们查阅古代词语、成语和典故出处的极为重要的工具书,对于语言学习和研究具有很重要的参考价值。但因为它所引书证,卷帙浩繁,编制欠精,所据资料又多辗转抄袭,讹误不少。且引书不注篇名,使用不便。所收语词全按倒序排列,也不便查找。商务印书馆和上海古籍书店的影印本,书后附有四角号码索引和笔画索引,可供不熟悉古韵的人使用。

10.《骈字类编》二百四十卷,清张廷玉等奉敕编

《骈字类编》共240卷,是清朝张廷玉编词汇类书。1984年北京中国书店影印本。本书是一部查找词语典故的工具书,专收"骈字",即两字相连的词语。"类编",是按词语首字的义类编排。本书收单字1604个。这些单字分编入13门中,即天地门、时令门、山水门、居处门、珍宝门、数目门、方隅门、采色门、器物门、鸟兽门、虫鱼门、人事门。

这部书是《佩文韵府》的姊妹篇，主要表现在《佩文韵府》把末一字相同的词藻排在一起，而此书把首一字相同的词藻排在一起。不同之处，一是《佩文韵府》按韵统字，此书按类统字。二是收词范围小于《佩文韵府》。两书用途大抵相同，不过《佩文韵府》使用更多一些。但《骈字类编》有个优点，即出处较详，一般注书名、篇名，便于找到原始出处。

第二节　地方志

一、地方志的产生和发展

对于地方志的起源，学术界一直持有不同的看法。有学者认为地方志最早源于《山海经》，但是书中虽然有比较丰富的关于山川地貌、飞禽物产的记述，却同时带有非常浓厚的神话传说色彩，且所记录的历史事件大多难以考证，因此将其作为史料来看仍然有失严谨。同时《四库提要》的作者也否认《山海经》的地理性质而将其归入小说之中。尽管如此，《山海经》仍然是我国现存最古老的地理书，其中包括对我国上古时期历史、地理、物产、医药、神话的记载都是很宝贵的资料，不容忽视。同时《山海经》对后世地理书和方志编纂有着重要影响。

学界比较认可的是地方志源于古代诸侯国史、春秋战国时期的国别史、地理图经等。根据《周礼》的记载"外史，掌四方之志；小史，掌邦国之志"①，可见早在周王朝时期就有了专门掌管记录地方史的官员以及官修的"国别史"，如鲁国的《春秋》、晋的《乘》、楚国的《梼杌》等。根据《春秋公羊传经传解诂·隐公第一》的记载"昔，孔子受端门之命，制《春秋》之义，使子夏等十四人求周史记，得百二十国宝书"。可见，到孔子周游列国时国别史的编纂已经相当普遍了。此时的地方史并不同于之后历代封建王朝主持编修的"国史"，而是更具有明确的地域性，这也符合后世方志的基本特征，因此周王朝时期的"国别史"也具有今天意义上地方志萌芽的性质。

春秋战国时期，由于生产力的发展，人们的活动范围扩大，学术思想空前活跃，出现了一些专门记载地理情况的著作，除了《山海经》以外，最著名的是《禹贡》。《禹贡》将天

---

① 孙诒让.周礼正义[M].北京:中华书局,1987:2098,2137.

下分为九州,再按州分别记述山川、物产、贡赋、交通及民族居住情况。《禹贡》是我国历史上最早分地域记载各地地理、物产、贡赋情况的著作,因此一直被后世方志编纂研究者们所重视,而后世的特别是全国性的地域志同《禹贡》都存在着源流关系,如元代朱思本的《九域志》。

到了汉代班固《汉书·地理志》按行政区记述各地区人口、山川、关塞、祠庙、物产等,虽然记述较少涉及人文,但对后世地方志中的地理部分仍然有较大的影响。汉代除了专记地理的书籍之外,还有专记历史人物的如《南阳风俗传》等。

地方志发展到晋时基本成熟。根据《隋书·经籍志》的记载,晋代挚虞的《畿服志》中除了对地理的记述之外还包括对"先贤旧好"的记述,这被认为是地理兼记人文的开始。东晋常璩的《华阳国志》被认为是现存最早的地方志。《华阳国志》分卷记述了巴、蜀、汉中、南中四地的政区沿革、山川、物产、人口、风俗、历代政权兴替以及人物,做到了地理、编年史、人物传记相结合。

在地方志的形成和发展过程中,除了国别史和地理书以外,另一类对其有较大影响的就是图经。在张国淦的《中国古方志考》中说:"图经之名,昉于后汉,至唐宋遂为地方志之通称。"后世的方志中也多带有地图的体例,由此可见地方志与地图存在着不可割裂的渊源。北宋初年乐史的《太平寰宇记》是一部全国性质的地理总志,其中除了有关地理地图的记述外,还增设有关姓氏、人物、风俗、诗词、杂事的记述,确立了地理、人物、艺文相结合的格局。

地方志在唐宋时期发展成熟,明清时期达到全盛。

二、地方志的官修和私撰

由于方志和史学向来关系密切,体例内容上也多有重合,同时地方志书也同样承担着记史记事的作用,很多记录翔实的事件还起着对史书记述的补充作用,因此一直有史志不分家的说法,而历史上的地方志书也相当多是依托各地各层级的史馆机构编修完成的,所以地方志在产生和发展的过程中就带有着相当浓厚的官修特点。在中国历史上史学的发展始终具有官修和私撰并举的特点。相传自夏朝开始就有了专门记史的官员,根据《周礼》的记载,周朝已经明确设立了史官,此后历朝历代官方修史从未间断。同时历史上也存在着私撰史书的传统,从孔子修《春秋》始开私家撰史之风,因此官修和私撰并存成为我国史志的一大特色。

早期地方志的体例并没有完全确立,也就没有专门的官方修撰机构,随着地方志在隋唐时期的正式形成,官修制度也随即确立起来。隋文帝时期为便于掌握国家各地情况,明确提出严禁私撰国史和评论人物,开官修志书的先河,"隋大业中,普诏天下诸郡,条其风俗、物产、地图,上于尚书。"第一次出现了国家修志的诏令,在秘书省设著作曹,开始把地方志编撰工作集中到中央政府手中,并在各郡县志书的基础上编修全国性的图志,如隋炀帝时期让秘书学士编成了《区宇图志》,从而开了官府修志之先河。

隋朝的大规模修志为唐朝奠定了制度基础,到唐德宗时期已经形成了定期的修志制度。根据《唐六典》的记载:"职方郎中,员外郎掌天下之地图及城隍、镇戍、烽候之数,辨其邦国、都鄙之远迩及四夷之归化者。凡地图委州府三年一造,与板籍偕上省,其外夷每有番客到京,委鸿胪讯其人本国山川、风土,为图以奏焉,副于上省。其五方之区域,都鄙之废置,疆场之争讼者,举而正之。"①可见此时全国各州府每三年就要编制一次图志,因此唐朝时期地方志的规模达到空前的程度,如总志有《古今郡国县道四夷述》《元和郡县图志》《贞元十道录》等,各地方志有《太原事迹记》《吴地记》《闽中记》《东京记》《蛮书》等。

宋朝时期经过了唐末以来的五代十国割据后重新恢复统一,统治者对地方志的编修也持有比较重视的态度,因此地方志的官修又出现了一个高峰。在宋朝时期国家专门设立了管理各地编纂地方志书的机关"九域图志局",也从此时开始,地方志的编纂成为地方官上任以后的一项重要任务被固定下来,而北宋的"九域图志局"也成为后来的"方志馆"的初始形态。宋代地方志的一大特点就是方志撰修频繁且多为政治和军事的需要而服务,特别是宋夏战争频繁,出于为皇帝、为统治阶级掌握国家地理历史建制的具体情况提供参考辅佐资料的目的,此时就由朝臣借籍朝廷的力量来完成。宋朝时期皇帝颁布的"修志令"十分频繁,据记载仅仅宋太祖在位的十年间就先后四次颁布诏令修地方志。北宋建立初期皇帝就颁布诏令要求"凡土地所产,风俗所尚,具古今兴废之因,州为之籍,遇闰岁造图以进";宋开宝四年又有诏令要求重修天下图经,又派多逊出使江南,收集江南各州县的图经,此后"十九州形势尽得之"。北宋方志的撰修,大多数是在朝廷政府的要求下进行的,是时代的产物、军事的产物,是内抚诸州、外控四夷的需要。到了南宋,官修制度进一步完善,初步确立了官方设立机构来提供修撰资金,并由中央指派聘用官员负

---

① 李林甫.唐六典[M].北京:中华书局,1992:162.

责修志的制度。

元代时期由于统治者对地方志的修撰持有的积极态度,使得地方志在元代得以稳定发展,并且产生了一种新的体裁——"一统志"。元世祖时期采纳了大学士扎马剌丁的建议,开始以各地的地方志为材料撰修《大一统志》,此后根据《元史》的记载,到大德七年《大一统志》经过几次增补终于重修定型,重新命名为《大元大一统志》,后人对它评价很高,并由此开创了全国性总志的新形式。

明朝是封建专制高度集权的时代,方志自然也受到封建政府的严格控制,同时由于统治者的重视,明代方志不论从数量还是质量都相当可观。明代地方志的繁荣首先得益于修志政令的推动,除了朝廷多次颁布政令编修全国性一统志外,为使志书编修系统规范还先后于永乐十年和永乐十六年颁布《修志凡例》和《纂修志书凡例》,对志书内容作出具体规定,这也是目前所知最早的封建王朝关于纂修志书的规定。中央的修志政令也对各地方的地方志书编修起着直接推动作用,明代将全国分为十三个大行政区,一方面作为地方的最高行政机构,同时也负责各省的修志事宜。如万历年间,福建藩司衙门曾下令所属州县编纂方志,并下了修志"檄文",要求以《福州府志》为样版。在中央和地方官府的倡导下,明代的方志纂修成书数量众多,达到了各省都有通志的局面,有些省甚至一修再修。除了政令的推动作用外,明代地方志的繁荣发展还受到保护地方文献的需要以及地方乡绅和儒师生呈请的影响。明代地方官员大多重视历史文化传承,注重搜集和整理地方文献资料,同时一些地方的乡绅和儒学师生为弘扬当地文化也经常请求地方官员编修地方志书,比如嘉靖三十五年时,象山县知县毛德京下令编修《象山县志》,就是应儒生之请。

清代是我国地方志发展的鼎盛时期,其数量之多、质量之高、编纂范围之广,都达到了空前的程度。我国的官修志书制度发展到清代更加完备,从修志的组织领导,到方志的编纂,以及方志的定稿审查,都由朝廷和官府控制,形成了一套极其严密的制度。清朝的修志工作是从入关后的顺治年间开始的,到康熙年间随着清朝对全国统治的逐渐稳定,康熙十一年由大学士卫周祚的上疏开始了各省撰修通志,为《大清一统志》的编修准备材料的工作,而《大清一统志》自康熙年间开始编修至道光年间为止就经历了三次大规模的重修增补,此种连续不断规模宏大的编修工作超过了历史上任何一个时期。清代皇帝对地方志的重视不仅表现在多次下令修志,而且亲自过问提出意见,在康熙和乾隆皇帝南巡时,每到一地,必"询风俗于典章,讨沿革于载籍","观风问俗,郡邑志书,类皆清问所必及",对地方志表现出了极大的兴趣和关注;雍正皇帝对地方志编纂中出现的问题予以批复"朕惟志书与史传相表里,其登载一代名宦人物,较之山川风土尤为紧要,必详细确查,慎重采录,至公至当,使伟绩懿行,逾久弥光,乃称不朽盛事"。

我国的方志撰修经历了一个漫长的形成和发展过程,同时我国的官修志书制度也经历了形成、发展到日趋完备的过程,在这个过程中统治者对方志的态度以及中央集权政治的发展起着较大的决定作用。官修制度的确立一方面避免了私撰时人力、物力、史料收集时的不足和缺漏,另一方面又使地方志成为一种文化事业,成为我国历代史料的重要组成部分。

三、地方志的研究价值

在地方志的形成和发展过程中,地方志所记载的内容不断丰富,逐渐成为本行政区域内自然景观和社会各方面历史与现状的资料性文献,内容涉及范围相当广博,包括地区沿革、疆域、山川、水利、人物、民俗、建筑、古迹、法制、经济、政治、文化等,因此也有"一方之全史""一地之百科全书"之称。随着学者们对地方志研究的不断深入,也因其所记录的丰富史料,地方志的研究价值成了一个新的焦点。

地方志具有历史和现实价值,历史价值主要表现在"存史""资治"和"教化"上。如江苏省的淮安府衙的修缮复原工作就是利用光绪时期的《淮安府志》中关于建筑风貌的记载而完成的,而地方志的教化功能在方志编写时就已经得到了重视,比如历朝历代都以崇善惩恶的道德标准来记载人物,人们从对记载人物的认识和评价中得到学习,受到教化[①]。元代杨敬德在《赤城元统志序》中写道"诊人物,崇节义,以彰劝惩,而教化可明矣"[②]。除了历史价值外,地方志的现实价值也在新时代焕发着活力,地方志记录着一地的历史变迁,记载本地著名的历史人物、英雄模范、能工巧匠、贤臣烈士,这些本乡本土的记忆留存可以增强民众的身份认同感,汇聚一股浓厚的家乡情感,为众多的侨胞旅人提供着寻根的线索,也为爱国教育注入活力。

除了历史文化研究之外,地方志因其包含的丰富内容也越来越受到很多跨学科研究者们的重视。

---

① 任娇娇.浅析地方志的历史与现实价值[J].黑龙江史志,2019:16.
② 谢铎.赤城后集[M].上海:上海古籍出版社,2019:430.

　　首先是方言学方面,如向学春在《论地方志的方言学价值——以四川方志为例》中通过研究指出:地方志是方言研究中可利用且尚待挖掘的重要文献资源。并且他还进一步详加论述了作为调查和研究汉语方言的材料,地方志的价值主要表现在三个方面,一是有利于研究方言的历史和文化背景;二是有利于研究方言的语音、词汇和语法;三是有利于探讨方言形成、演变和方言接触等方面的问题。

　　其次,地方志在看似毫不相干的医学卫生领域也有着广阔的研究空间,如李博文和王凤翔在《黄河三角洲历代疫灾及其影响——以地方志为中心》一文中通过大量查阅明清及民国时期黄河流域的地方志,统计出明清和民国的 574 年间大型瘟疫共爆发 96 次,主要是鼠疫、霍乱、天花和麻疹四种,进而他们分别从自然环境和人文因素两个方面分析总结了疫情传播和持续时间差异的原因,随后又根据记载分析了疫情在控制和消除过程中政府、医疗、民间组织以及后期西医传入后多方配合的作用,最终提出我们要以史为鉴,汲取历史上的疫灾防治经验,注重充分发挥政府、社会、个体在卫生防疫方面的积极作用,完善重大疫情防控机制,健全国家公共卫生应急管理体系,积极应对日益严峻的公共环境与卫生革命的观点。再比如徐满成、李文惠和段逸山在《地方志涉医文献研究的价值、现状和策略》一文中提出通过挖掘地方志中涉及医学的文献内容,既能展示医学自身的发展面貌,又能掌握医学发展的时代背景,从而丰富对地方医学发展的认识的观点。三位学者在文章中梳理回顾了学界关于地方志涉医资料的研究,发现主要集中在地方医学人物、医政管理、地方药材、涉医社会文化现象等方面,总体呈现出资料整理多而深入剖析少、单个领域多而全面呈现少、文献研究多而实证研究少的特点。据此,提出以“地方元素”为着眼点,就地方志涉医文献研究提出地域划分、资料占有、分类整理、挖掘剖析等工作策略,以期为相关研究提供可借鉴的研究范式。

　　有关地方志的研究在气象学领域也同样具有价值,如苏小玲和廖桂奇两位学者在《地方志中气候资料的价值与选择》中通过介绍现有地方志中气候资料记载概况,具体分析地方志中气候资料的重要价值和意义。并对比湖南、甘肃、黑龙江、江苏、广东等地的地方志中有关气候资料记载的异同以说明现有地方志中气候资料记载的特征,对现有地方志气候资料记载进行评价,对进入地方志的气候资料的选择进行了探讨。最后对《广西通志·气象志(1991—2005)》编修工作中气候资料的选择提出了建议。

　　无疑,地方志是一个重要的研究宝库,有关地方志的研究远不止于此,研究和发掘地方志是传承和弘扬中华优秀传统文化的一项长期而系统的工程。

附方志书籍：

（1）《中国方志丛书》，台湾成文出版社 1966 年至 1985 年版，全 5359 册，是目前收录旧志最全的丛书。

（2）《中国地方志集成》，上海书店出版社、巴蜀书社、江苏古籍出版社、凤凰出版社 1991 至今，是大陆出版收方志最全的丛书。

（3）《孤本旧方志选编》，线装书局 2004 年版，全 26 册，收方志 33 种。

（4）《宋元方志丛刊》，中华书局 1990 年版，全 8 册，收宋元方志 43 种。

（5）《明代孤本方志选》，全国图书馆文献缩微复制中心 2000 年版，全 12 册。

（6）《清代孤本方志选》，线装书局 2001 年版，全 60 册。

参考文献

[1] 杨树达.古书句读释例[M].北京:中华书局,1954.

[2] 梁启超.古书真伪及其年代[M].北京:中华书局,1955.

[3] 胡应麟.少室山房笔丛[M].北京:中华书局,1958.

[4] 毛春翔.古书版本常谈[M].上海:上海人民出版社,1977.

[5] 杨伯峻.论语译注[M].北京:中华书局,1980.

[6] 来新夏.古典目录学浅说[M].北京:中华书局,1981.

[7] 刘国钧,郑如斯.中国书史简编[M].北京:书目文献出版社,1982.

[8] 陈国庆.汉书艺文志注释汇编[M].北京:中华书局,1983.

[9] 魏隐儒.古籍版本鉴定丛谈[M].北京:印刷工业出版社,1984.

[10] 邱陵.书籍装帧艺术简史[M].哈尔滨:黑龙江人民出版社,1984.

[11] 潘树广.古籍索引概论[M].北京:书目文献出版社,1984.

[12] 永瑢,纪昀.四库全书简明目录[M].上海:上海古籍出版社,1985.

[13] 张舜徽.文献学论著辑要[M].西安:陕西人民出版社,1985.

[14] 余嘉锡.古书通例[M].上海:上海古籍出版社,1985.

[15] 戴南海.校勘学概论[M].西安:陕西人民出版社,1986.

[16] 王欣夫.文献学讲义[M].上海:上海古籍出版社,1986.

[17] 倪其心.校勘学大纲[M].北京:北京大学出版社,1987.

[18] 韩仲民.中国书籍编纂史稿[M].北京:中国书籍出版社,1988.

[19] 程千帆,徐有富.校雠广义·目录编[M].济南:齐鲁书社,1988.

[20] 戴南海.版本学概论[M].成都:巴蜀书社,1989.

[21] 严佐之.古籍版本学概论[M].上海:华东师范大学出版社,1989.

[22] 来新夏.中国古代图书事业史[M].上海:上海人民出版社,1990.

[23] 李致忠.古书版本学概论[M].北京:书目文献出版社,1990.

[24] 国家语言文字工作委员会.标点符号用法[M].北京:语文出版社,1990.

[25] 管锡华.校勘学[M].合肥:安徽教育出版社,1991.

[26] 施蛰存.金石丛话[M].北京:中华书局,1991.

[27] 余嘉锡.目录学发微[M].成都:巴蜀书社,1991.

[28] 徐有富.中国古典文学史料学[M].南京:南京大学出版社,1992.

[29] 曹之.中国古籍版本学[M].武汉:武汉大学出版社,1992.

[30] 姚伯岳.版本学[M].北京:北京大学出版社,1993.

[31] 洪湛侯.中国文献学新编[M].杭州:杭州大学出版社,1994.

[32] 孙钦善.中国古文献学史[M].北京:中华书局,1994.

[33] 周少川.古籍目录学[M].郑州:中州古籍出版社,1996.

[34] 孙启治,陈建华.古佚书辑本目录·附考证[M].北京:中华书局,1997.

[35] 曹书杰.中国古籍辑佚学论稿[M].长春:东北师范大学出版社,1998.

[36] 程千帆,徐有富.校雠广义·版本编[M].济南:齐鲁书社,1998.

[37] 程千帆,徐有富.校雠广义·校勘编[M].济南:齐鲁书社,1998.

[38] 邓瑞全,王冠英.中国伪书综考[M].合肥:黄山书社,1998.

[39] 杨绪敏.中国辨伪学史[M].天津:天津人民出版社,1999.

[40] 叶德辉.书林清话·书林余话[M].长沙:岳麓书社,1999.

[41] 曹之.中国古籍编撰史[M].武汉:武汉大学出版社,1999.

[42] 卢正言.中国索引综录[M].上海:上海辞书出版社,2000.

[43] 褚良才.敦煌学简明教程[M].北京:中华书局,2000.

[44] 焦玉英,等.信息检索[M].武汉:武汉大学出版社,2001.

[45] 杜泽逊.文献学概要[M].北京:中华书局,2001.

[46] 何新文.中国文学目录学通论[M].南京:江苏教育出版社,2001.

[47] 孙钦善.中国古文献学史简编[M].北京:高等教育出版社,2001.

[48] 姚名达.中国目录学史[M].上海:上海古籍出版社,2002.

[49] 郭在贻.郭在贻文集·训诂丛稿[M].北京:中华书局,2002.

[50] 黄永年.古文献学四讲[M].厦门:鹭江出版社,2003.

[51] 张三夕.中国古典文献学[M].武汉:华中师范大学出版社,2003.

[52] 刘琳,吴洪泽.古籍整理学[M].成都:四川大学出版社,2003.

[53] 陈垣.校勘学释例[M].北京:中华书局,2004.

[54] 张舜徽.中国古代史籍校读法[M].武汉:华中师范大学出版社,2004.

[55] 吴枫.中国古典文献学[M].济南:齐鲁书社,2005.

［56］赵国璋,潘树广.文献学大辞典［M］.扬州:广陵书社,2005.

［57］张舜徽.中国文献学［M］.上海:上海古籍出版社,2005.

［58］黄永年.古籍版本学［M］.南京:江苏教育出版社,2005.

［59］孙钦善.中国古文献学［M］.北京:北京大学,2006.

［60］党怀兴,迟铎.中国古典文献学［M］.西安:西北大学出版社,2007.

［61］陶敏.中国古典文献学［M］.长沙:岳麓书社,2014.

［62］项楚,罗鹭.中国古典文献学［M］.北京:中国人民大学出版社,2022.

后　记

　　《古典文献学入门十讲》从酝酿到组稿再到出版,又是五年时间。首先我要表达感谢,感谢四川外国语大学教务处的领导们,将此书列为重庆市高水平新文科建设高校教材;感谢教务处的诸位同仁,他们一直关注本书的进展;感谢四川外国语大学中国语言文化学院胡登全院长、薛红书记和我的同事们,是他们的支持和鼓励让本书得以面世;感谢重庆大学出版社的编辑们,他们是专业的团队、年轻的团队、可爱的团队,从《中国传统文化十六讲》再到此书,我们像是在完成一场友谊接力赛。

　　其次,简单说一点心情。从《古典文献学入门十讲》经历的五个寒暑来看,本书或许不再是"入门"那么简单。说实话,编写一部符合自己意愿同时适合读者的教材,其实非常难。古典文献学有很多研究成果,经典的教材也有十数部,站在巨人的肩膀上学习揣摩文献学也是一种极乐之趣。我本科时曾逐字逐句读王欣夫先生的《文献学讲义》等经典之作,慨叹先贤的执着与努力,他们做出的成就后辈难以望其项背,这种精神或许是文献学者们身上共有的印记。我的文献学入门看似已有十几年的积累,但恐怕实践环节是有所缺失的,为此也常惴惴不安。幸运的是,我有很多文献学出身的好友,常请教于他们,近年来自觉进益不少。另一个"难"是因为众口难调,教材要适合本科生,而如今学生可通过网络获取各种优质的教学资源,此教材未必适合已深入研究文献学的学生,因而,这本书是在战战兢兢中出版的。

　　再者,我们有一个团队。这个团队喜欢一起探研,一起做事,属于"行动派"。全书的分工如下:张晓芝负责序言、第一章、第二章、第三章、第四章、后记及全书统稿,何江负责第六章,徐国芳负责第七章,郭宇航负责第八章,刘心雨负责第九章,王林飞负责第十章。另外,何江、徐国芳、郭宇航、刘心雨四人还参加了全书的校勘工作。

　　《古典文献学入门十讲》是一种尝试,也是一个挑战。书稿成型后,我曾组建了专业的美术团队,请他们将书中提到的"术语"画成简笔画,然终因不切实际而中辍。未来我想探索新的路径来对古典文献学进行讲解,本书只是一个起步。